東大ゴルフ部が実践!
ゴルフを科学する

井上透

主婦の友社

はじめに

ゴルフの上達に大切なことは、
自分が打ったボールを見て
インパクトで何が起きたのか
正しく分析することです。
それができるようになった
東大ゴルフ部のメンバーは
メキメキ腕を上げています。

彼らも含めすべての
ゴルファーにとっては、
自分のスイングを正しく
理解することがとても大切です。
どこに打ち出され、どう曲がったか。
ボールに当たった瞬間に
答えは出ています。
そこから逆算できれば
自分の問題点が発見できます。

科学がゴルフにもたらしたのは
まさにその部分で、
「自分の球を見ればすべてわかる」
ようになりました。
科学によって得られた理論を学べば、
最新機器を用いることなく
誰もが最新メソッドの恩恵を受けられるのです。

まずは、自分の打ったボールには
すべての答えがあることを
認識してください。
そこから逆算し、よりよいショットを
打てるようになることが
この本の目的です。

井上 透

東大ゴルフ部が実践！ **ゴルフを科学する**

CONTENTS

序章 打ったボールとインパクトで起きた現象を結びつける
～東大ゴルフ部の科学的アプローチ～

第1章 ボールの飛び方の概念を180度変えたDプレーン理論
～Dプレーン理論を学べばゴルフが変わる～

第2章　最新機器が証明した「常識のウソ」
〜ボールの位置やアドレスの向きの新しい常識〜

第3章　ヘッドの入射角について考える
〜「ナイスショットの正体」を科学で解き明かす〜

第4章 ミスの正確な認識が上達を早める ～スイングとミスの因果関係を科学する～

第5章 プロは100％ハンドファーストインパクト
～スイングにおける「個性」を科学する～

第6章　「スイングは同じ」のウソ　～科学が解き明かすミスとクラブの関係～

序章

打ったボールとインパクトで起きた現象を結びつける

～東大ゴルフ部の科学的アプローチ～

科学によって明らかになった〝基本〟の真実

ベン・ホーガンの著書『モダン・ゴルフ』の時代から、基本の重要性は多くのゴルファーが認識しています。しかし時代によって「逆C字型スイング」や「ワイドスタンス」「コンパクトトップ」など、スイングトレンドは変化しています。

その時代のスイングトレンドは、時代を牽引するようなスーパースターの誕生によって起こります。しかし、さまざまなスイングトレンドがある中でも時代に左右されることなく共通事項として残っているものが「基本」です。

ゴルフの基本とは、多くのプロゴルファーの経験則に基づいた平均であり、普遍的なものです。

昨今、トラックマンに代表されるような超高性能な弾道測定器の誕生により、基本の正当性が証明されました。それどころか、個性的と思われていたプロゴルファーのスイングですら、インパクトゾーンのクラブの動きは基本に忠実であることも証明されたのです。

しかし、すべてのプロゴルファーが同じアドレスやグリップ、同じテンポでストレートボールを打っているかといえば、そうではありません。

フェードボールが得意な選手もいれば、ドローボールが得意な選手もいます。アドレスで左に向く選手もいれば、右に向く選手もいます。フックグリップの選手もいれば、ウィークグリップの選手もいます。

科学が証明したのは、すべてのトッププロは質の高いボールを打つことです。そして、そのためには、インパクトゾーンでは適切なクラブの動きが必要なことでした。ストレートボールだけが唯一適切なボールというわけではありません。質の高いフェードボールやドローボールもあるのです。

目的が質の高いボールを打つことだとすれば、さまざまな手段が考えられます。もちろんスイングの「型」の基本を押さえたうえでのことですが、アドレスの向きはオープンスタンスのほうがいいか、もしくはクローズスタンスのほうがいいか、スタンス幅は広いほうがいいのか狭いほうがいいのか、グリップに関してはフックグリップのほうがいいか、それともウィークグリップのほうがいいかなど、その選手に適した方法をデータに基づいて指導することが可能です。

トラックマンやハイスピードカメラのインパクトゾーンの映像など、科学の力を借りることによって、いままで基本通りだけではうまくいかずに悩んでいた多くのゴルファーを上達に導くことが可能になりました。

基本の枠にこだわりすぎるとストレスになる

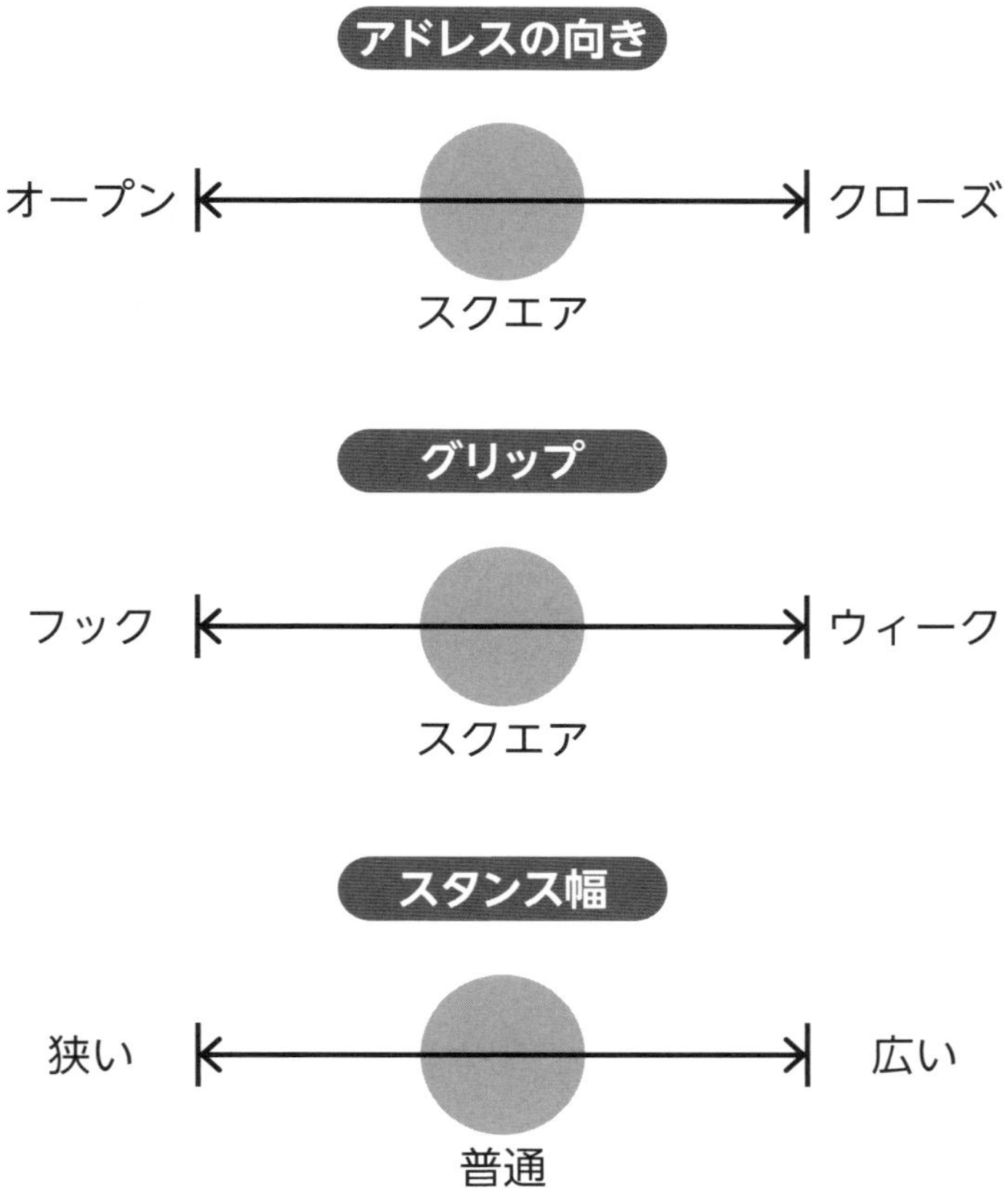

たとえば、アドレスの向き、グリップ、スタンス幅の３つの項目があるとする。一般的に基本といわれているものは、それぞれの中心的位置を示すものだが、そのスタイルではジャストフィットしない人もいるので、必ずしも世の中でいわれている基本通りでなくてもいい

身体的特徴を考慮したスイングを作る

すべてが基本通りであることは、上達の絶対条件ではありませんが、基本とされている型や動きを理解することは不可欠です。それは、「基本」が多くのプロゴルファーの経験則をもとに積み上げられてきた最大公約数的なものといえるからでしょう。

東大ゴルフ部では、入部後にゴルフを始める部員が多いため、型からの指導を行います。指導者もなく自由に練習をさせれば、間違いなく多くの学生がクセをもったスイングになってしまうでしょう。

ゴルファーなら誰しも、機能的でありながらやはり美しいスイングを身につけたいと思うものです。また基本通りの型を身につけることは、ひどいインサイド・アウト軌道やカット軌道になることを防ぎます。結果として上達を早めることができるのです。

機能と美しさは、別々に考えるものではないのです。ですから初心者もまず型から入ること、それこそが上達への正確な道筋なのです。

ゴルフスイングを人間にたとえると「見た目のスイングは顔、インパクトは性格」というのが私のコーチの経験に基づく持論です。ある程度の「顔」を身につければ「良い性格」がついてくる場合が多いですが、選手によって身長や柔軟性、筋力も違うので個別の指導が必要になります。

たとえば筋力が強い男子部員はコンパクトなスイングが向いていますし、弱い女子部員はゆったりした大きいスイングが向いています。また身長が高い選手はゆったりスイングになりやすいですし、小さい選手はシャープなリズムになりやすいなどの特徴があります。

こういった身体的特徴を考慮したスイング作りが重要になります。

分析力だけではうまくならない

東大ゴルフ部では入部と同時に型の指導はもちろん、トラックマンやパットラボなど最新の測定器に触れる機会を与えています。

彼らの知力を最大限生かすためには、正確な情報が必要です。その情報をどう分析して自身の問題点と向き合い、修正していくかによって、成長のスピードも大きく変化します。

ゴルファーであれば誰でも、ボールに当たらなかったときに「なぜ」という疑問が生まれますが、4年という限られた時間の中で成長するためには、正確な情報とそれに基づいた修正を繰り返すことが大切です。そのためには、体を「思うように動かす」ことが大切になってきます。

彼らの多くは、これまでこれといった特別な運動経験のない学生ですから、身体能力という観点から見ると残念ながら特段優れているとはいえません。学生ゴルファーが一堂に会する大学のリーグ戦においても、体の大きさや筋力においては、他大学の学生に比べるべくもありません。中高時代に運動部に所属していた部員は少なく、野球やテニスはもちろん、バットを振ったりボールを投げたりといった経験もほとんどない運動未経験者が大半です。

ですから、彼らのそのような身体的弱点の強化を目的として、平日は駒場キャンパスのグラウンドでトスバッティングなどの練習を課しています。最初はまったくボールに当てることができなかった学生でも、練習を重ねると1年も経たないうちに非常に力強くスイングできるようになります。これは地味な練習ですが、実は非常に有効な練習なのです。

スポーツ経験がない選手が問題点を把握、修正しようとしたときに、「思ったように体を動かせない」ということが起こる場合があります。

さまざまな運動経験がある学生であれば「こんなイメージでスイングしてごらん」というアドバイスに対してすぐに体を動かすことが可能です。しかし運動経験の少ない学生は、やるべきことはわかっているはずなのに体が動かないということが起こってしまいます。脳からの指令に対して体の末端がスムーズに動かないのでしょう。これではせっかく自分の問題点を把握できても、上達に結びつきません。

機能的なスイングを身につけるためには、これまでに経験した運動が役に立つことも大いにあるといえますし、「急がば回れ」で地道な運動が必要といえるのです。

トスバッティングの練習は、思ったように体を動かすために有効な練習

打ったボールとインパクトで起きた現象を結びつける

技術的な問題点が発生したときに大事なことは、正しい情報を得ることです。しかし、プロゴルファーでもボールを打ったあとにクラブフェースのどこに当たったかを聞いても完璧に回答できない選手もいます。そういった意味では、ゴルフ初心者の東大ゴルフ部員ではフェースのどこに当たったかがわかるはずもありません。

以前はフェースに打球痕がわかるシールを貼って、ボールの当たった位置を確認するといったアナログな方法で打点をチェックしていました。しかし、最近ではハイスピードカメラで撮影することで、打点やスイング軌道、そしてフェース向きも可視化することが可能になりました。また、トラックマン（ドップラーレーダー式弾道測定器）の登場は、飛距離を正確に測定するだけでなくスイング軌道やフェース向きに至るまで数値で理解することまでも可能にしました。これはゴルフを科学的に分析するうえで非常に画期的でした。

これにより、いままで目には見えなかったインパクト付近のクラブの動きを映像で見ることはもちろん、数値として知ることができるようになり、分析の精度が飛躍的に上がったのです。実際にボールを打つときにトラックマンなどの機材を使用することで、自分の打ったボールが、どのようなスイング軌道とフェース向きの結果によるものなのかがはっきりとわかります。このような効率的な練習を積み重ねていくと、次第に知識が蓄積され、ボールの飛び方と打球の感触だけで、スイング軌道、フェース向き、打点を自分自身である程度正確に認識することが可能になります。そうなると練習の精度が格段に上がり、上達のスピードも飛躍的に早くなります。自分の弱点やその原因を正確に知ることこそ、上達の秘訣なのです。

これは、特別な測定器を使用できる東大ゴルフ部員だけができるわけではありません。多くのアマチュアゴルファーのみなさんでも、後述する「Dプレーン理論」を理解することで、誰でも自身の打ったボールから、スイング軌道、フェース向きそして打点を逆算することが可能になるからです。正確な理解が上達への近道となります。

科学の力で感覚論が現実論に

トラックマンなどの最新測定器が誕生する以前、指導においては、「クラブを立ててスイングしろ」とか、「インパクトは押すイメージ」などの感覚的表現がほとんどでした。

スイングを伝えるうえで、ビデオがなかった時代は言葉で表現する必要がありました。そういった意味では、「スパンと」「ビュッと」「シュッと」などの擬音は、そのイメージを伝えやすいことから重宝されたのでしょう。

しかしいまでは、トラックマンのような弾道測定器が誕生したことによって、ドライバーの飛距離を出すためにはアッパーブローでインパクトする必要があることがわかりました。

ジャンボ尾崎《おざき》プロは、メタルドライバーを使用した際には高いティアップでドライバーをアッパーブローでスイングして飛ばす第一人者でした。これは当時、非常に画期的で、ジャンボ尾崎プロの莫大な練習量と研究心によって得た技術だと思います。それがいままでは、トラックマンさえあれば誰でも自分のヘッドスピードの中の最長飛距離を得られる時代になったのです。

トラックマン以外にもモーションキャプチャーを使用して体やクラブの動きを3次元で計測する「GEARS（ギアーズ）」や足圧計測器の誕生も、昨今の指導が変化してきている要因になっています。具体的な事例として、かつては左右の重心移動は許容されていましたが、上下動に関しては打率の低下の原因になるため、あまり使わないほうがいいとされてきました。しかし実際には、多くの飛ばしに秀でたトッププロが「床反力（上下動）」を使っていることがわかってきました。

これに関しては、方向を重視するか、飛距離を重視するかで賛否がわかれるかもしれませんが、かつてはNGだった動きが肯定されたことは間違いありません。

初心者にはティーチング、上級者にはコーチング

東大ゴルフ部員の大半は、入部をきっかけにゴルフを始める初心者です。しかし、中には70台でラウンドできる部員も10名程度在籍しています。彼らを指導するうえで最も難しいのは、それぞれに適した指導方法が異なることです。

初心者であれば、ゴルフのイロハから身につけるため、クラブの握り方、また理想的なスイングを示して指導します。まずは「型」をしっかり教え、グリップの握り方からスイングの基礎までを体に叩き込みます。

対して上級者への指導は、問題点を自分で考え解決する力を育てることに重点を置いています。このレベルの選手にとって必要になるのが論理的思考力です。ゴルフの問題点を論理的思考で解決するためには、トラックマンを使いこなし、Dプレーン理論を理解する

ことが不可欠です。そのため、東大ゴルフ部では講習会でゴルフを学問として学んでいるのです。

この本の目的は、ゴルフ上達のために必要なゴルフ学力を高め、技術を論理的にとらえることのできる思考力を鍛えることにあります。

この先、読んでいただけるとわかりますが、ゴルフを科学的にとらえることで、いままで解決できなかったような問題も、どうすればいいかを推測できるようになります。

たとえば、ショートアイアンが飛ばなくて悩んでいる選手であれば、「スイング軌道はどうか」「フェース向きはどうか」「打点はどうか」といった細かい観点からミスの原因を分析します。そこからフィードバックして問題点の本質を見極めるのです。

しかし、ゴルフ学力が高くなったからといって、急激にゴルフが上達するわけではありません。ゴルフは人間が行うスポーツで機械が打つわけではないからです。左にＯＢがあれば右に避けてしまうというように、常にさまざまな心理的影響を受けています。練習場ですら、左に曲がれば左に曲がらないように打ちますし、その逆もあります。ですが、ゴルフにおける論理的な思考力が高くなれば、問題が発生したときに修正のための最短距離をイメージできるでしょう。

科学的データを用いて考えるときにも一打一打にこだわりすぎると、全体像が見えなくなることがあります。「木を見ず森を見よ」、俯瞰して現象をとらえることも大切です。

第1章

ボールの飛び方の概念を180度変えたDプレーン理論

～Dプレーン理論を学べばゴルフが変わる～

講義1

ボールの飛び方の概念を180度変えたDプレーン理論

スイングの分析力や調整力を高めるためにDプレーン理論を知っておくことは、非常に大切です。

ここ数年、プロゴルファーが使用しているトラックマンやフライトスコープといったドップラーレーダー式弾道測定器は、すべてDプレーン理論に基づいて設計されています。

Dプレーンの「D」は『Describe＝説明する』で、軌道やフェース向きがボールにどのような影響を与えるのかを説明した新しい理論がDプレーン理論です。

これを正しく理解することによってショットを正しく分析できるようになるため、ドライバー、アイアン、アプローチ、すべての技術の修正に役立ちます。

Dプレーン理論とは

1999年にセオドア・ヨーゲンセン博士が『The Physics of GOLF（ゴルフの物理学）』という本で発表した、弾道の法則を説明する理論

これをもとに
トラックマンや
フライトスコープなどの
ドップラーレーダー式弾道測定器は
計算している

Dプレーン理論が提唱される以前は、ボールの打ち出し方向を決める最大の要因はスイング軌道（ターゲットに対するクラブヘッドの振り抜き角度）、ボールが曲がる最大の要因は、インパクト時のフェース向きであるといわれてきました。かつてはプロゴルファーも、アウトサイド・イン軌道で振れば左に、インサイド・アウト軌道で振れば右にボールが打ち出されると考えていました。また、インパクトでフェースが右を向けば右に、左を向けば左に曲がると考えられていました。

ところがDプレーン理論の発見によって、ボールの打ち出し方向を決める最大の要因はフェース向き、ボールが曲がる最大の要因はスイング軌道であることがわかったのです。

かつていわれていた「ボールの打ち出しが左に行くのは、カット（アウトサイド・イン）軌道が原因だから、もっとインサイド・アウト方向にスイングしなさい」という指導は適切ではなく、「左に打ち出る原因はフェースが左に向いているから」という表現が正しいということになります。

新旧飛球法則の違い

旧飛球法則

ボールの打ち出し方向	おもにスイング軌道が影響
ボールの曲がり方	おもにインパクト時のフェース向きが影響

新飛球法則(Dプレーン)

ボールの打ち出し方向	おもにインパクト時のフェース向きが影響
ボールの曲がり方	おもにスイング軌道が影響

講義2 フェース向きの干渉はドライバー約80%、アイアン約70%

すでに触れたように、Dプレーン理論の肝は、ボールの打ち出しに関してはインパクト時のフェース向き、ボールの曲がり方に関してはスイング軌道が最も影響を及ぼすということですが、さらにクラブ別に考えて具体的に説明すると、ドライバーでは約80%、アイアンでは約70%がフェース向きに影響を受けるというのです。逆説的にいえば、軌道や打点が打ち出しに影響を与える量は、ドライバーで約20%、アイアンで約30%しかないともいえます。

この理論を知った際、ゴルフを始めた頃に悩んだことについて思い出しました。その頃はスライスに悩んでいて、当時の先生に「ドローを打つには右に向かってスイングするんだ。グリップはフックグリップにしなさい」と教わりました。しかし、ボールにフック回転はかかっていましたが、ターゲットより左に打ち出されてしまうため、左から左に曲がるボールに悩まされる結果になりました。その後、練習を積み重ね試行錯誤することでドローボールを習得できましたが、当時Ｄプレーン理論を知っていれば、違った修正法を考えることができたかもしれません。

また、プロコーチになってからもバンカーのレッスンでは、ターゲットに対してフェースとアドレスラインを均等に開くよう指導していましたが、これもＤプレーン理論を理解してからは、フェースの開きとアドレスラインは３対７で構えるように修正したほどです。

これらの事例は、ボールが左右どちらに打ち出され、どちらに曲がるかという話でしたが、Ｄプレーン理論はボールの「高低」にも同様に影響を与えています。ボールがどんな高さに打ち出され、どの程度のスピン量になるかは、クラブの入射角（アタックアングル）とインパクト時のロフト（ダイナミックロフト）、及び打点によって決まっています。

ボールの飛び方を「左右」「高低」「スピン」で分析できれば、何が問題で何を修正すればいい球を打つことができるかを自分で考えることが可能になります。

インパクト時のフェース向きと打ち出し方向の関係

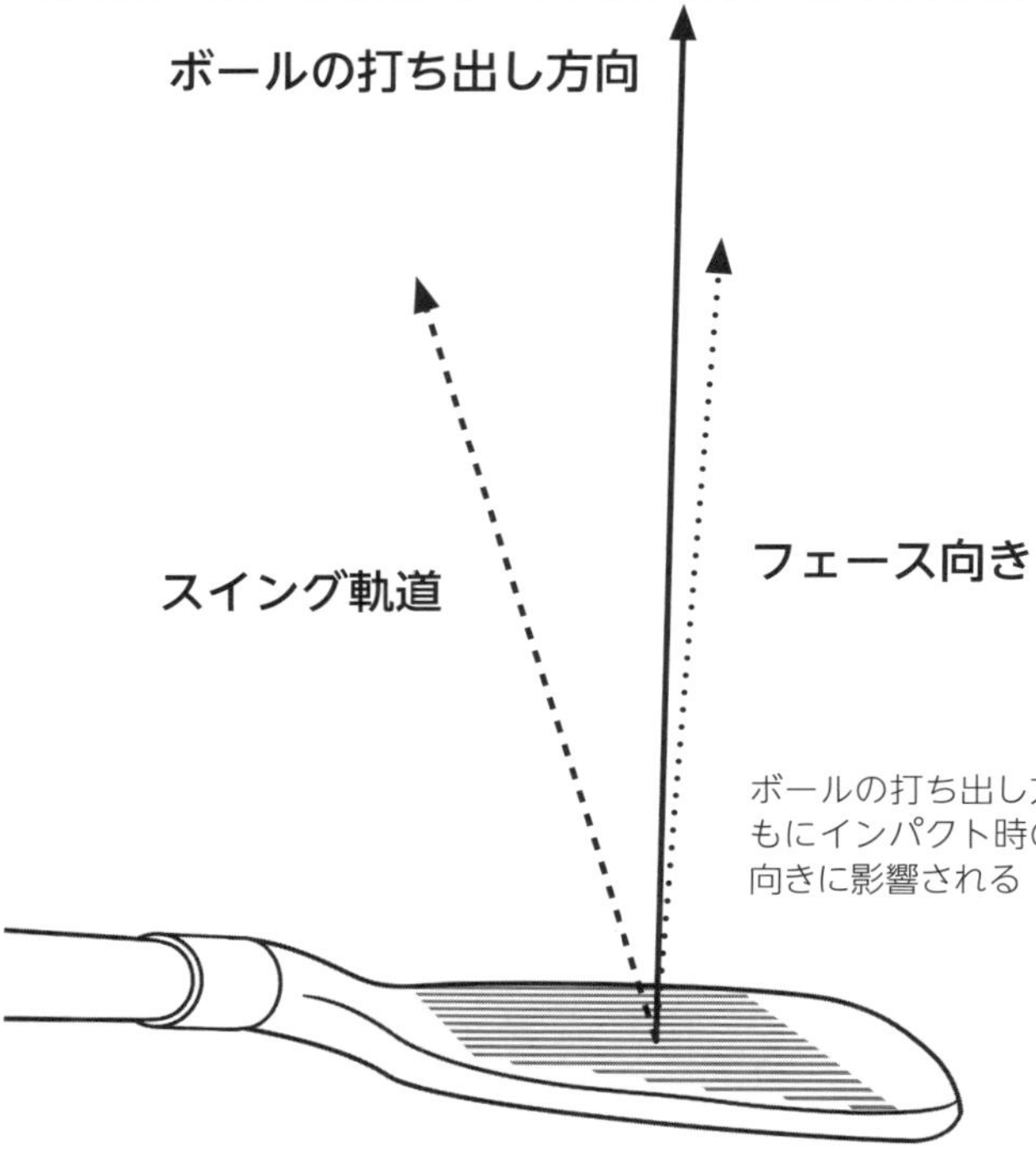

ボールの打ち出し方向は、おもにインパクト時のフェース向きに影響される

フェース向きが打ち出し方向に与える影響度

ドライバー	約80%
アイアン	約70%

ボールの打ち出し方向はインパクト時のフェース向きとクラブ軌道で決まるが、圧倒的に影響するのは前者であり、その度合いはドライバーで約80%、アイアンで約70%である

フェース向きと打ち出し方向の関係

上から見た場合

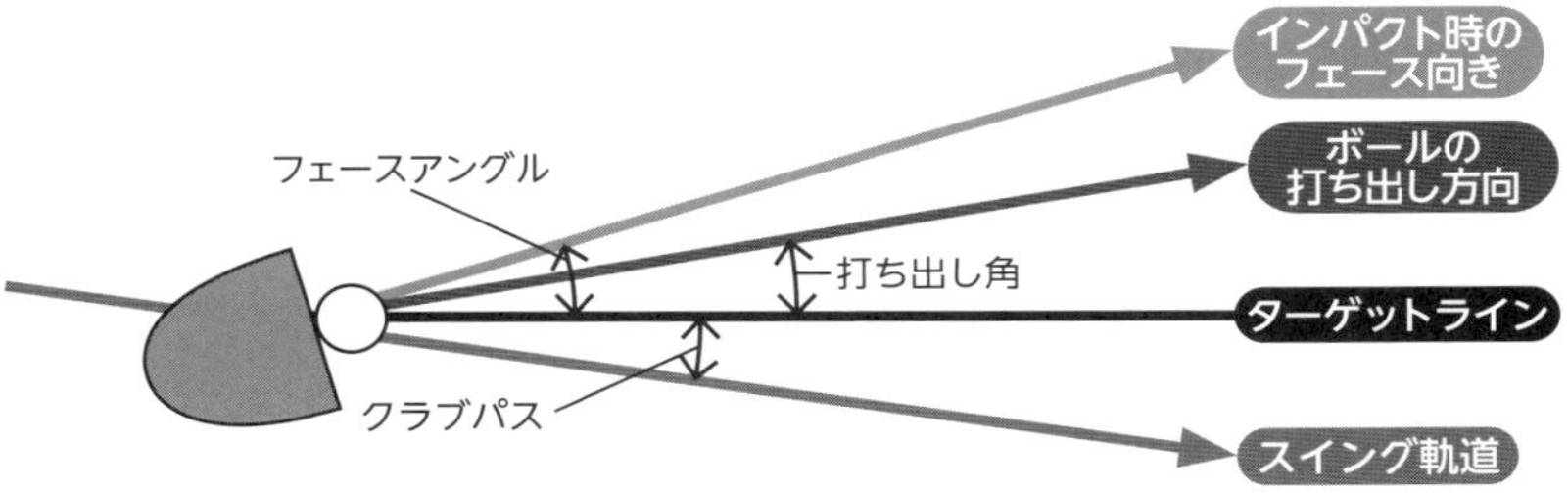

ターゲットライン＝ボールと目標を結んだライン
フェースアングル＝インパクト時のターゲットに対するフェースの向き
クラブパス＝スイング軌道とターゲットラインの間に生じる角度

正面（クラブのトゥ側）から見た場合

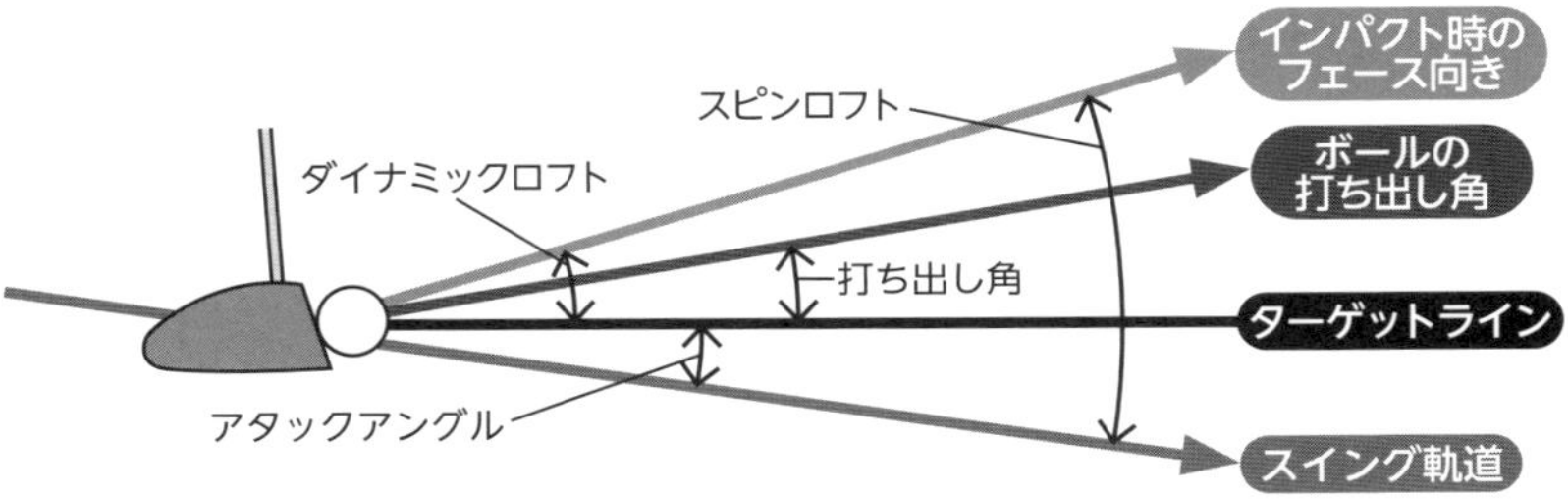

ダイナミックロフト＝インパクト時のロフト
アタックアングル＝クラブヘッドの入射角
スピンロフト＝ダイナミックロフトからアタックアングルを引いたもの

Dプレーン理論はヘッドを上から見た場合も正面（トゥ側）から見た場合も有効である

スイング軌道と打ち出し角の関係

正面（クラブのトゥ側）から見た場合

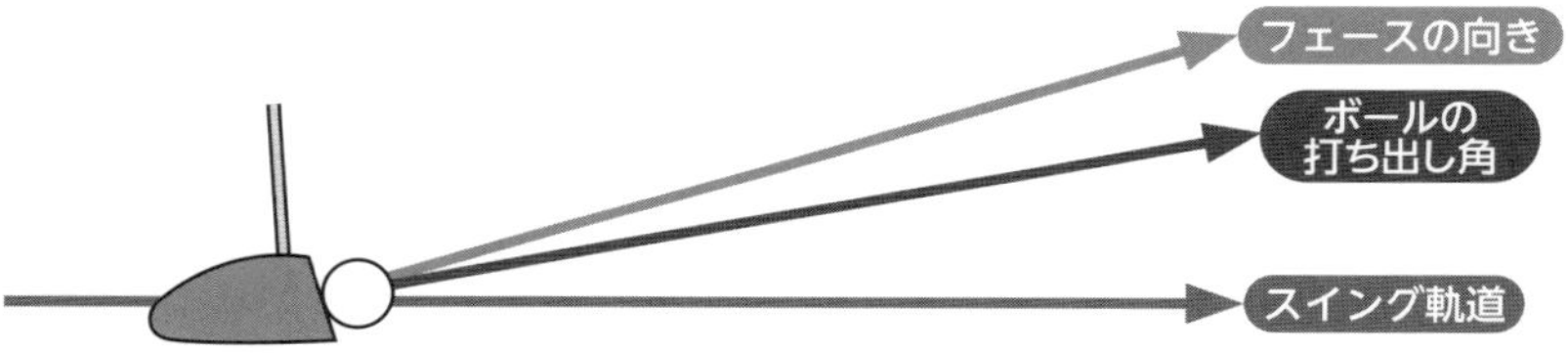

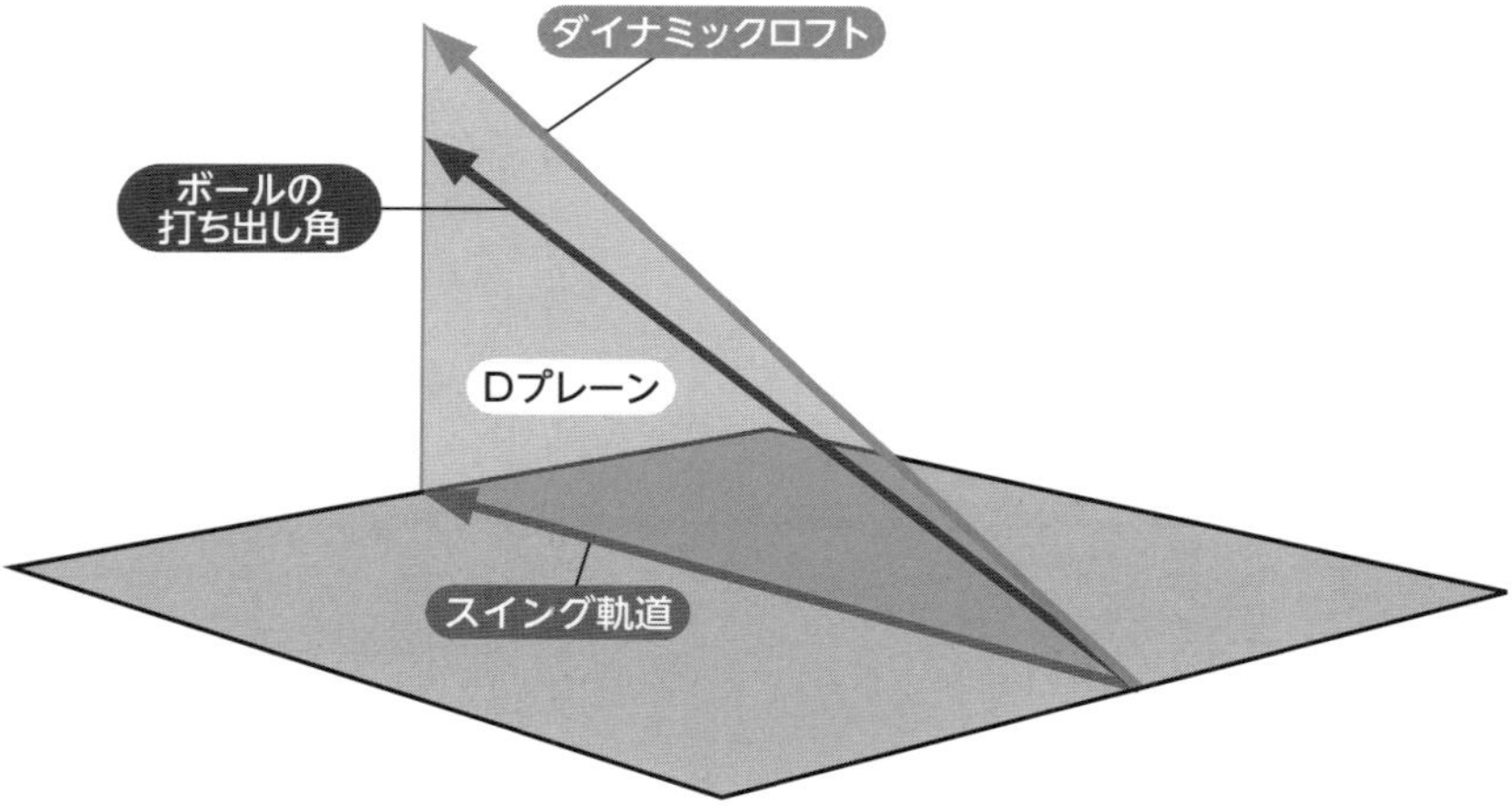

スイング軌道がアッパーでもダウンブローでも、打球はダイナミックロフトに近い角度で打ち出される

打ち出し方向とフェース向きの関係

上から見た場合

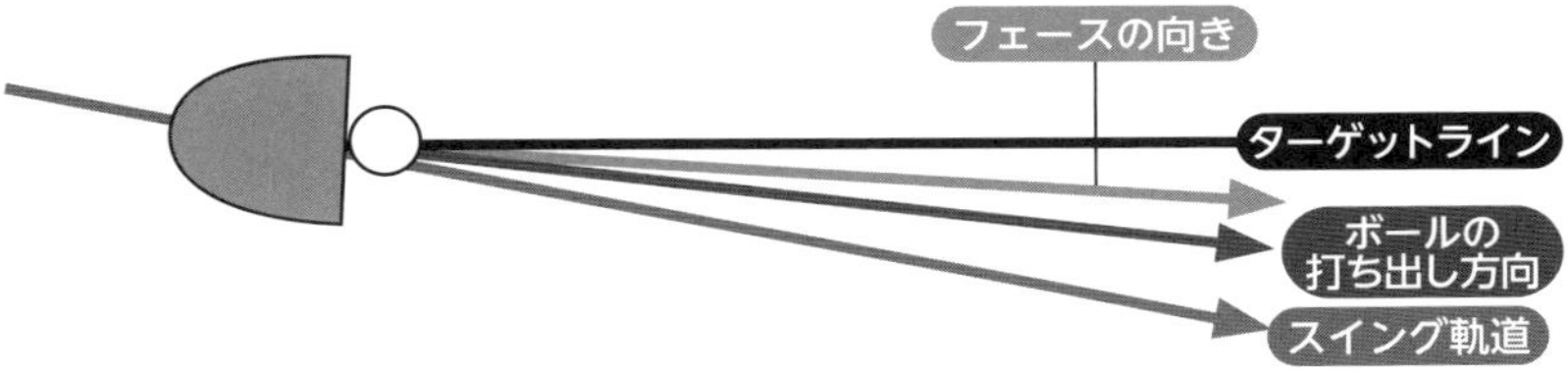

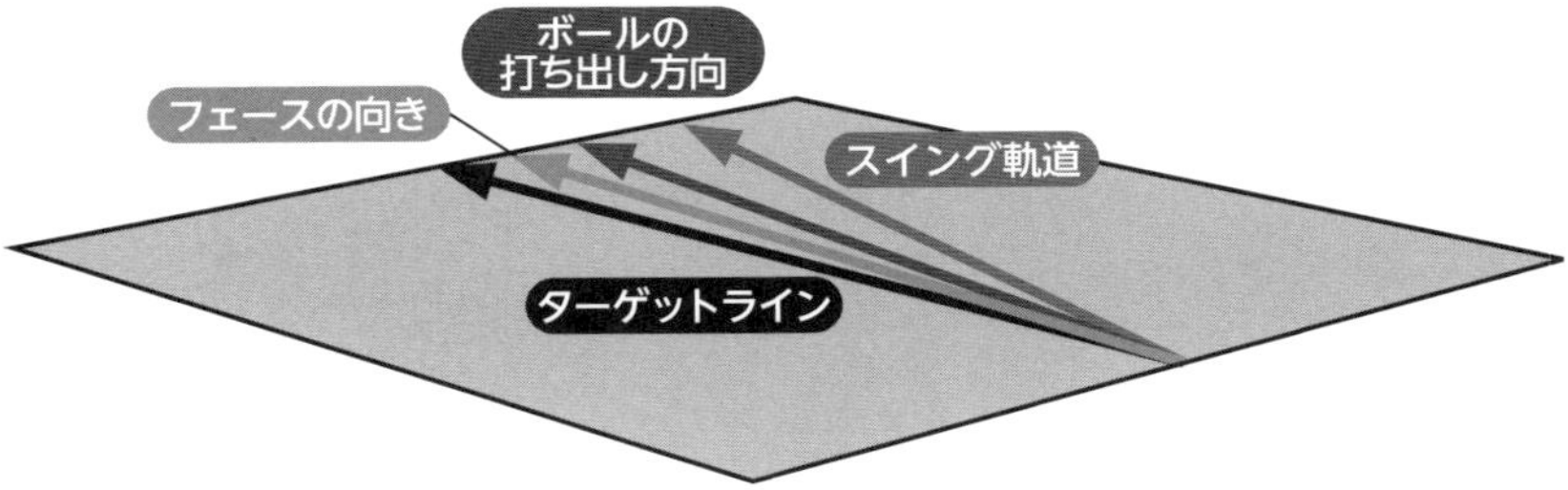

打ち出し方向はスイング軌道よりもインパクト時のフェースの向きに影響される

講義3

ボールの曲がりはスピン軸の傾きの仕業

かつてボールが左右に曲がる理由は、サイドスピンの影響と考えられていました。しかし、実際にはボールに横回転がかかることはありません。それではボールはどのような仕組みで曲がるのでしょうか。

ボールは回転軸の傾きによって曲がります。

ウエッジからドライバーまでフェース面でとらえたボールには、必ずバックスピンがかかります。ウエッジは毎分1万回転前後、ドライバーでは毎分2400回転前後の回転が入ります。ボールが回転すると、そこには必ず軸が存在します。その軸が傾くことによってボールが左右に曲がるのです。

スピン軸とボールの曲がり方

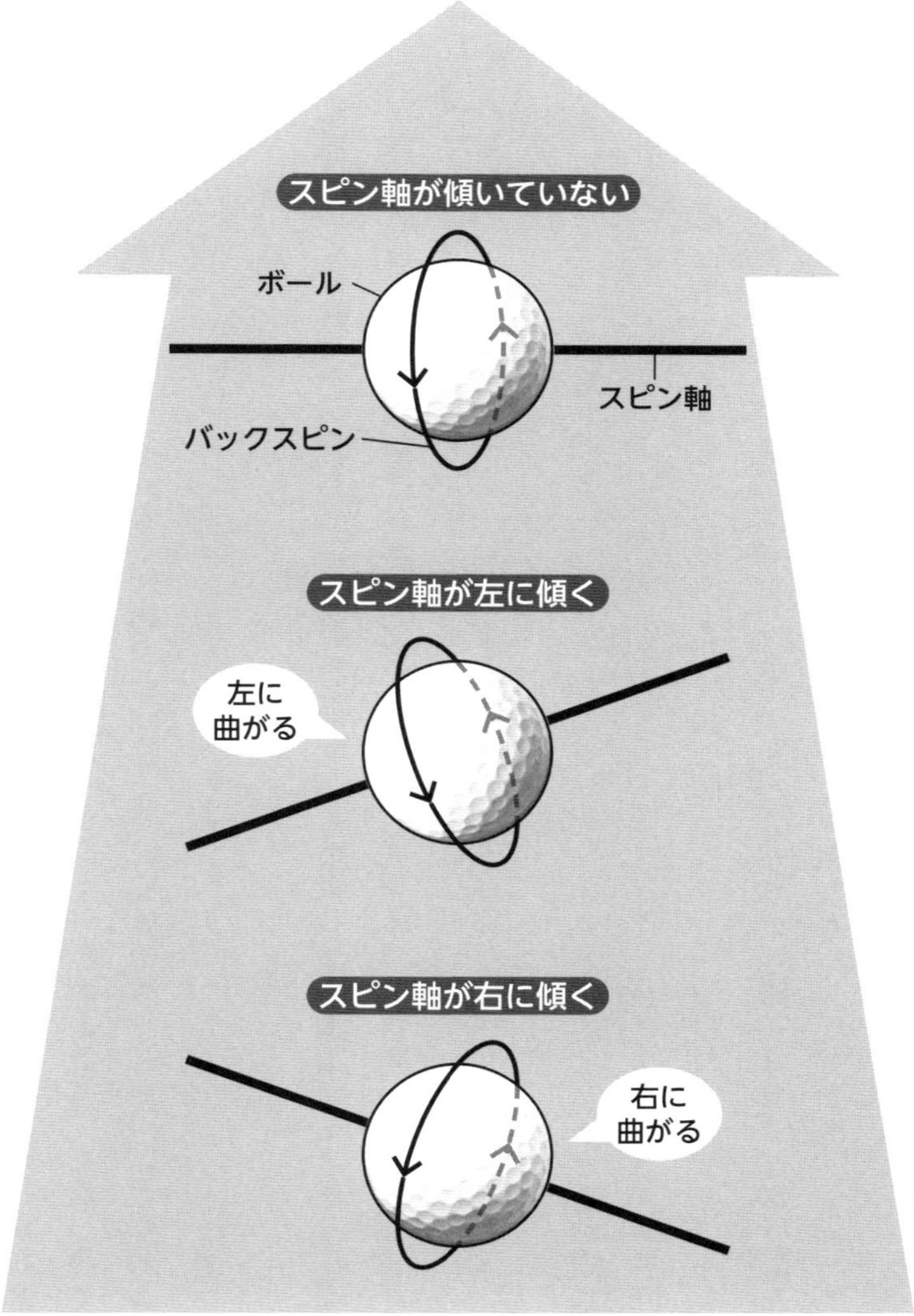

これは飛行機がどのようにして曲がるのかをイメージしてもらえばわかりやすくなります。飛行機の場合、左翼が低く、右翼が高くなれば左へ旋回し、右翼が低く、左翼が高くなれば右へ旋回します。ボールが曲がる仕組みと同じように機体が傾くことによって曲がっているのです。

ボールに翼はありませんが、基本的には同じ原理といえます。これを踏まえて考えればストレートボールはスピン軸の傾きはまったくない状態。スライス&フェード系はスピン軸が右に傾き、フック&ドロー系は左に傾くことによって曲がっているということです。

スピン軸に傾きを与える最大の要因は、インパクト時のフェース向きとスイング軌道になります。トラックマン的にいえば、フェース・トゥ・パス（インパクト時のフェース向きとスイング軌道の差）です。また、打点も回転軸を傾けるひとつの要因になっています。完全にクラブの芯でとらえた場合はフェース・トゥ・パス通りの結果になりますが、芯を外したときにはギア効果（P186参照）によって、トゥ側に当たったボールは左に、ヒール側に当たったボールは右に傾くことになります。

ボールが曲がる仕組み

1 インパクト時のスイング軌道とフェース向きが揃って芯に当たった場合、スピン軸が傾かないためボールが曲がらない

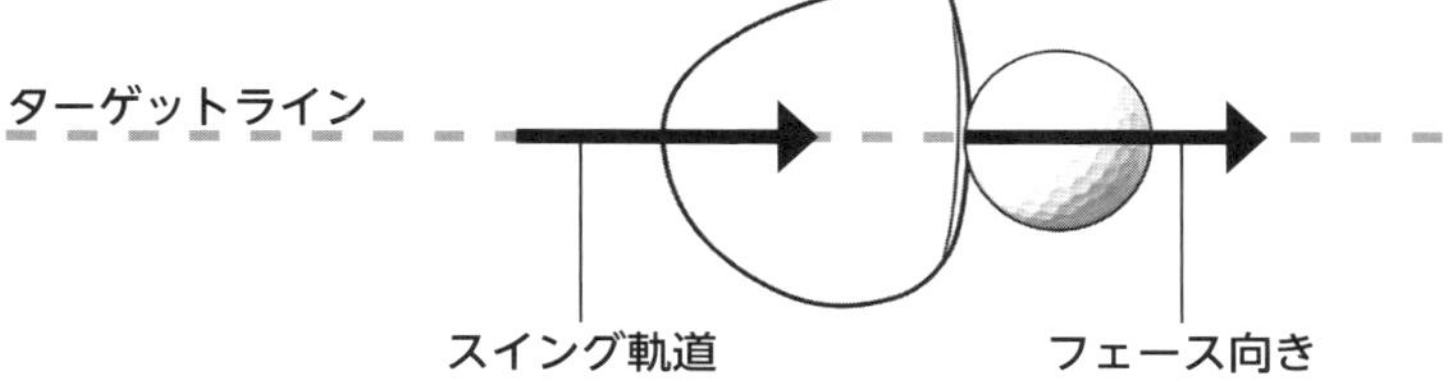

2 インパクト時のスイング軌道がインサイド・アウト軌道でフェースが左を向いた場合、スピン軸が左傾してボールが左に曲がる

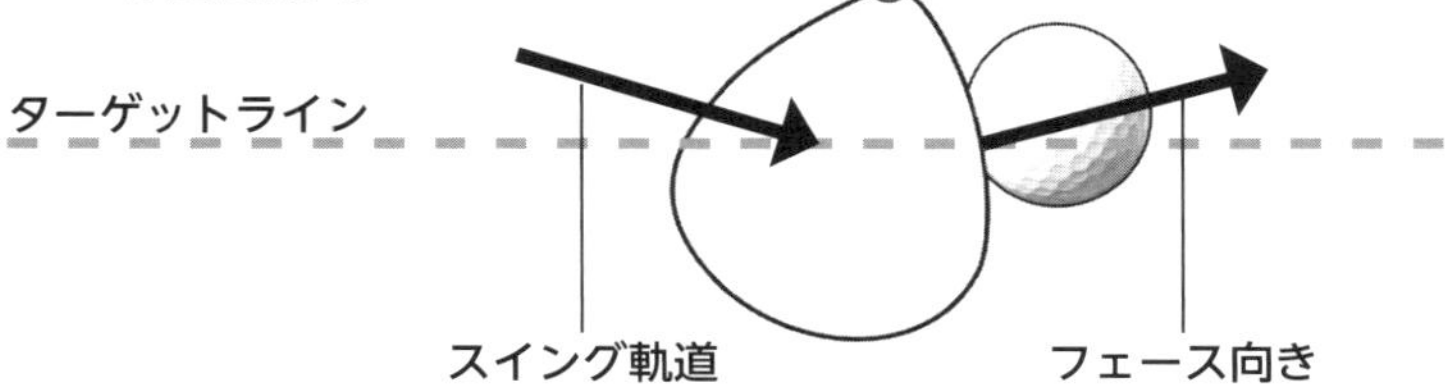

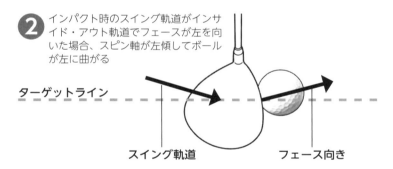

3 インパクト時のスイング軌道がカット軌道でフェースが右を向いた場合、スピン軸が右傾してボールが右に曲がる

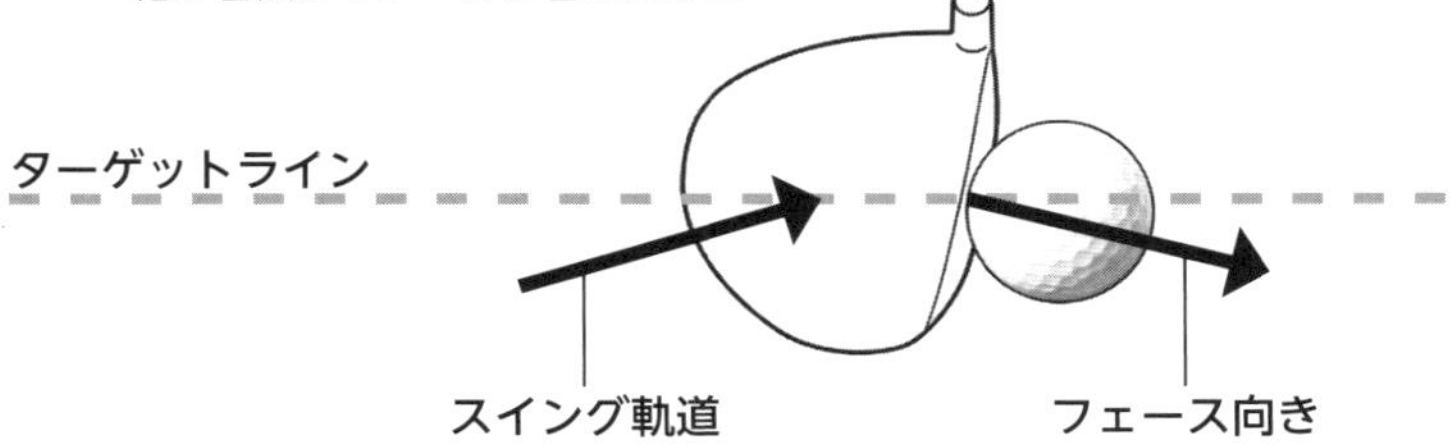

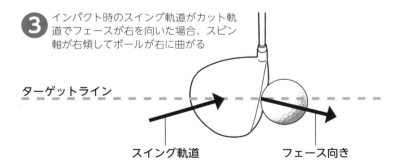

講義4

スピンロフトがスピン量を決定する

プロの世界では球質を「強い球」「弱い球」と表現します。「強い球」とはスピン量が適切値より少ない球質のことを指し、「弱い球」とはスピン量が適切値より多い球質のことを指しています。

実例を挙げて具体的に説明すると、仮に7番アイアンでヘッドスピード36m/sの選手がいたとします。その選手の7番アイアンにおける適正スピン量は毎分6500〜7000回転なので、約150ヤードがナイスショットと考えられます。それが毎分5000回転になってしまえば、仮に同じヘッドスピードで打ったとしても10ヤード以上余計に飛んでしまうでしょう。逆に毎分8000回転のスピンがかかってしまえば適正な飛距離よりも10ヤード以上飛ばない結果になります。

スピン量を決める最大の要素は、クラブの入射角とインパクト時のロフト角（ダイナミックロフト）の差になります。この差のことをスピンロフトと呼びます。

スピンロフトが大きい状態とは、卓球やテニスのラケットでボールのドライブ回転やカット回転をかける動きをイメージしてもらえばわかりやすいと思います。ラケット

スピンロフトとは

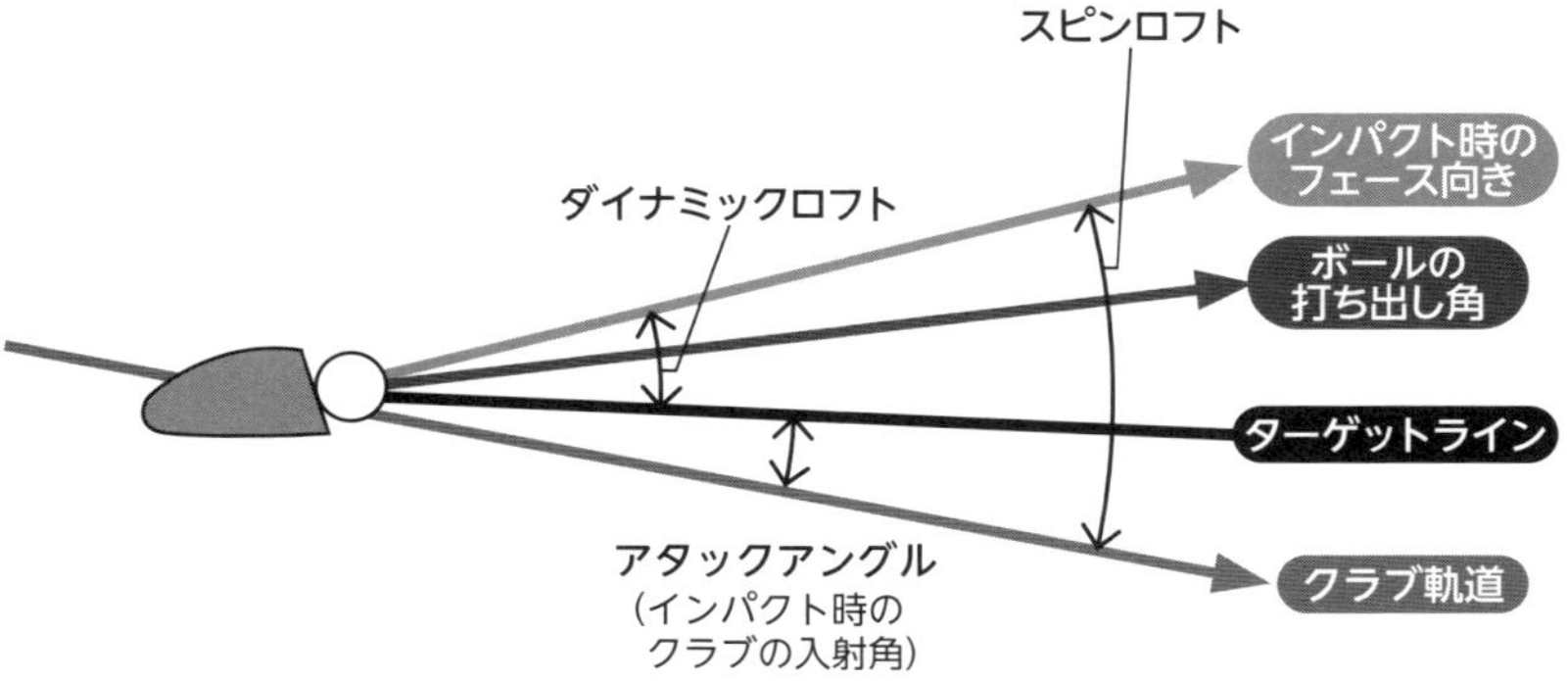

ボールのスピン量を決定する最大要素。クラブの入射角（アタックアングル）とインパクト時のロフト角（ダイナミックロフト）の差を指す。この角度が大きいほどスピンがかかる

の面を上に向けてボールを切るように、上から下に振り切るとボールに強烈なカット回転がかかるようなイメージです。逆にスピンロフトがゼロの状態とは、ラケットの面とストロークの軌道が一致していることを指しています。その場合、ボールは無回転で飛んでいくはずです。

これをゴルフに置き換えると、ウエッジのようにスピンをかけて止まるボールを打つことを目的とするクラブは、入射角はある程度ダウンブローでとらえる必要があります。また、ドライバーのような飛ばすことが目的のクラブは、アッパーブローでとらえることで、高弾道しかも低スピンの最も飛ぶ弾道を得られるのです。

アマチュアゴルファーでもボールの飛び方を見れば、「強い球」か「弱い球」かを見分けることはさほど難しくはありません。

一般的に同伴競技者に「いまのは強い球だったね」といわれると褒め言葉のように感じます。しかし実際には、使用クラブやヘッドスピードによって適切なスピン量は変化することを覚えてください。

スピン量が多い

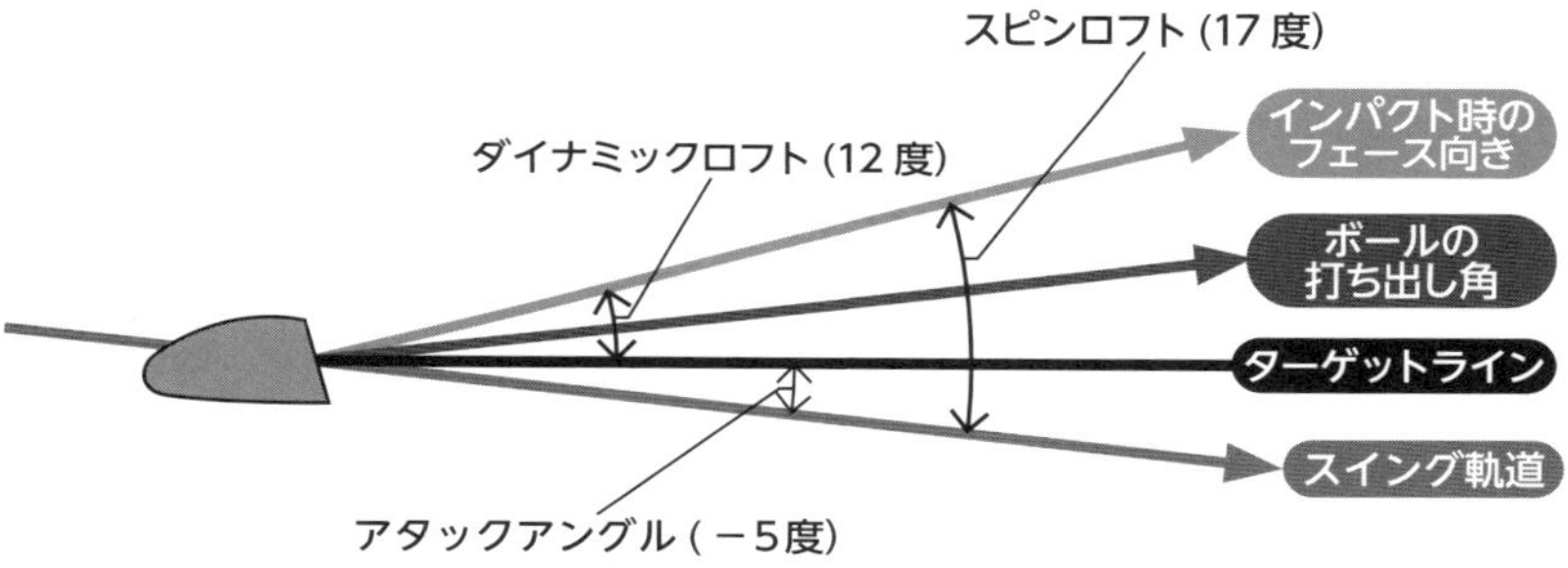

たとえばアタックアングルがマイナス５度のダウンブローで入り、ダイナミックロフトが 12 度だった場合、スピンロフトは 17 度になる

スピン量が少ない

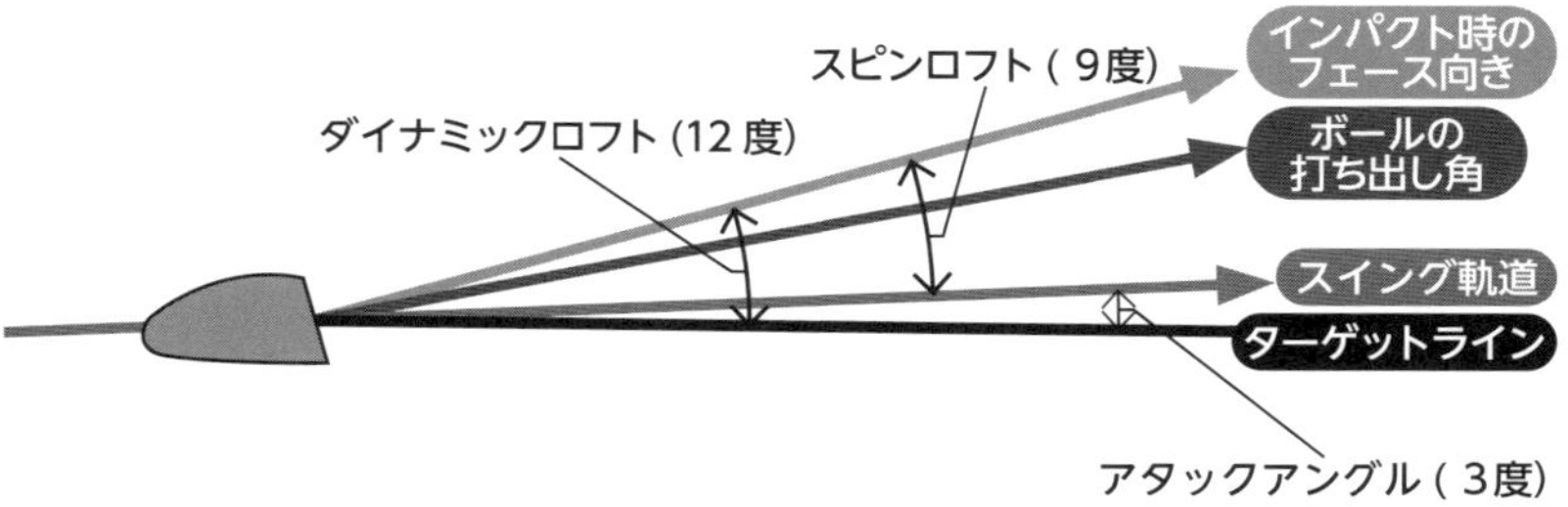

アタックアングルがプラス３度でわずかにアッパーブローに入り、ダイナミックロフトが 12 度だった場合、スピンロフトは９度になる。上の図と比べるとスピンが少ないボールになる

講義5 Dプレーン理論から考察するドローとフックの違い

ここまでの説明でDプレーン理論の概要は理解していただけたと思います。では、そのDプレーン理論に基づいて、さまざまなボールの種類について考えてみたいと思います。

右から左に曲がるボールに「ドロー」と「フック」がありますが、これらはどのようなスイング軌道とインパクト時のクラブフェース向きで当たっているのでしょうか。

私の指導しているプロゴルファーのトラックマンの測定データをもとに解説すると、ドローボールは、インパクト時のフェース向きが1度オープンでスイング軌道は2度インサイド・アウト方向にスイングすることによって、ボールのスピン軸は1～2度程度左に傾き、ターゲットに対してわずかに右に打ち出されてピン方向に戻ってくるようなドローボールになります。

もちろんフェース向きやスイング軌道の数値がこれでなければ絶対にダメというわけではありません。ドローボールの定義は、ターゲットに対してわずかに右に打ち出され、スピン軸が左に傾き、ピンに戻ってくるショットを指しています。ですから「ドロー」の定義を定量化することはできませんが、アイアンでいえば5ヤード未満、ドライバーでいえば10ヤード未満が一般的によいドローボールと感じる球筋だと思います。

私がいつも曲がりの目安として見ているのがスピン軸の傾きです。スピン軸が0・1～5度はドローに感じ、5～10度はフック、10度以上が、いわゆるチーピンのようなボールになります。

これは右から左に曲がるボールについての話ですが、フェードボールやスライスに関しても、これの逆と考えてもらえればいいでしょう。ドローやフェードの仕組みをおさらいすると次ページのようになります。

ドローボールの仕組み

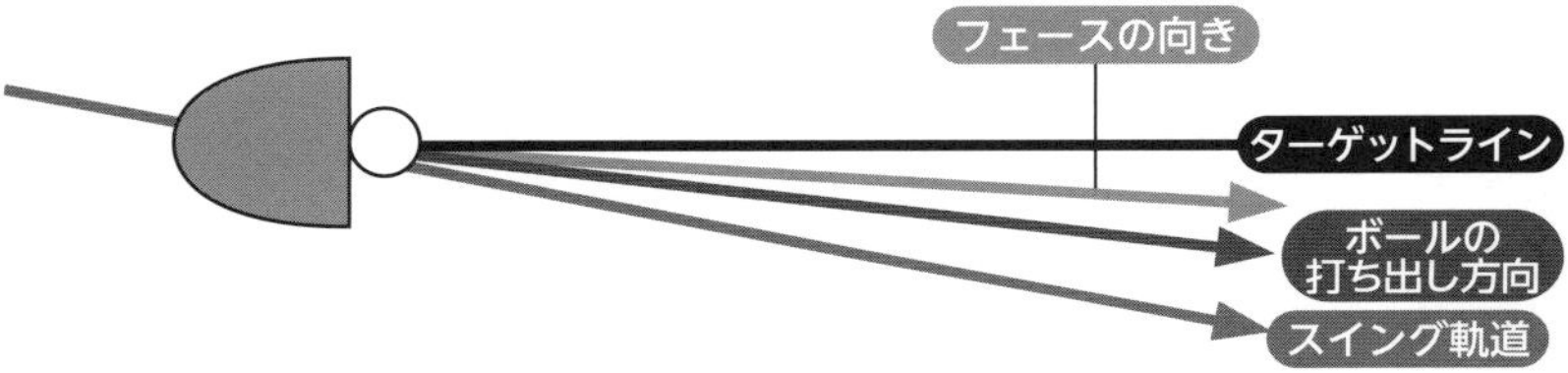

「フェース向き（0.1 〜 2 度程度オープン）＜ スイング軌道（0.1 〜 5 度程度インサイド・アウト)」の関係でドローボールになる

フェードボールの仕組み

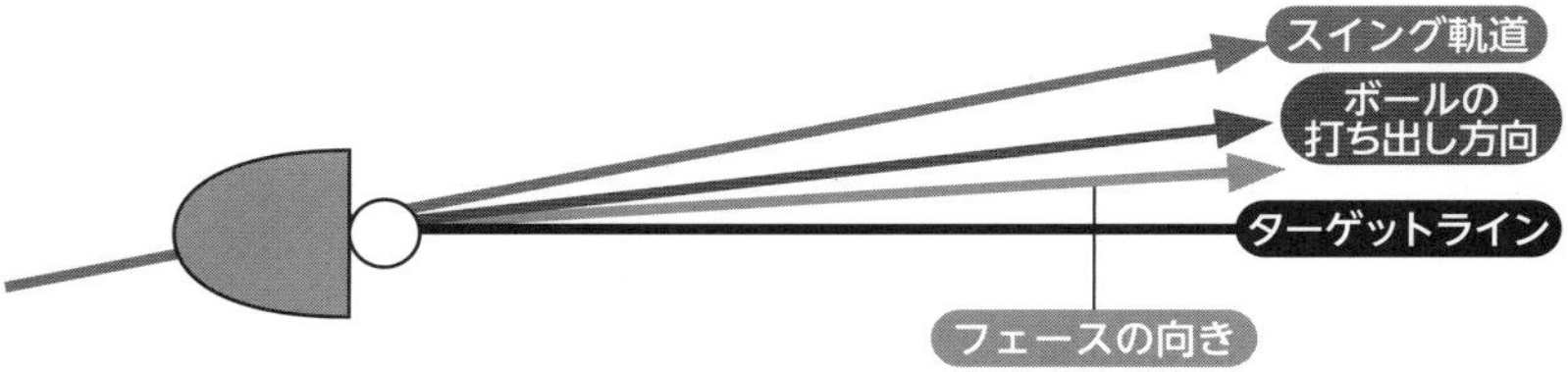

「フェース向き（0.1 〜 2 度程度クローズ）＜ スイング軌道（0.1 〜 5 度程度アウトサイド・イン)」の関係でフェードボールになる

講義6 Dプレーン理論から考察するトラブルショット

プロゴルファーとアマチュアゴルファーでは、林からのトラブルに対するショットも大きく異なります。このようなトラブルショットは、経験がものをいいます。アドレスでどの程度のフェース向きにするのか、アライメントをどこにとって、どのようなスイング軌道でスイングするのかなど、相当な練習と経験値がなければうまくいくはずがありません。

東大のゴルフ部員も初心者が多いため、林の中にはよく入ります。もちろん、なかなかフェアウェイに戻ってこられない学生もいます。では、Dプレーン理論を踏まえて論理的に考えた場合、トラブルに対してどのように対処すればいいのでしょうか。

たとえば、左の林に入りグリーンまでの残り距離が150ヤード。目の前に木があり、右15ヤードのところには、ボールを通せるスペースがあるとしましょう。こんなときにはインテンショナルフックが必要です。

私はゴルフを始めた当時、インテンショナルショットでよく目の前の木に当てた記憶があります。当時の私のインテンショナルフックの打ち方は、フェース向きはターゲットに直角、アライメントとスイング軌道は打ち出したい方向にスイングしていました。この方法が正しいと思っていたわけですが、Dプレーン理論を理解すると、これでは目の前の木に当たってしまう可能性が高いことがわかります。ボールの打ち出しは約70%インパクト時のフェース向きの影響を受けるわけですから、アドレス時に最終目的地にフェースを向けていては木に当たる可能性が高くなるのは当然です。

このことから、Dプレーン理論に基づいてインテンショナルフックを成功させるためには以下のことが大切だということがわかります。

インテンショナルフックの打ち方

①

アドレスのフェース向きは、ターゲットと打ち出したい空間の間に向ける（打ち出したい空間寄りに向けることが大切）

↓

②

アライメントとスイング軌道は、フェース向きに対して、かなり（曲げる量によって変動します）インサイド・アウト軌道でスイングする

↓

③

スピン軸が左に傾き、空間に打ち出されたボールがターゲットに向かって大きく曲がる

講義7

Dプレーン理論から考察するアプローチ

大きく分けると、アプローチには「ランニングアプローチ」「ピッチ・エンド・ラン」「ロブショット」の3種類がありますが、ここでは「ランニングアプローチ」と「ピッチ・エンド・ラン」をDプレーン理論から考察したいと思います。

「ランニングアプローチ」は低く打ち出し、着弾角を浅くしてランを多めにします。そのため、ロフトの大きいウエッジで打つ場合とロフトの少ないアイアンで打つ場合では、構え方からボールの質も大きく変わります。ウエッジではボールをかなり右に置く必要があります。選手によっては右足のさらに右に置く人もいます。こうするとアドレス時のロフトが立つだけでなく、入射角（アタックアングル）も鋭角になります。インパクト時のダイナミックロフトも立つので、低く比較的スピンの効いたボールになりますが、ボール初速が速いため、スピンショットのような「キュッ」と止まるアプローチにはなりません。

これに対しロフトの少ないアイアンは、そもそもロフトが立っているため、入射角は払い打つような角度で構いません。ボール位置は体の真ん中でも低く打ち出せます。入射角（アタックアングル）がシャローでダイナミックロフトが立つため、スピンロフトが減少します。結果、スピン量が少なくキャリー後もパターで打ったような転がり方になります。

この2つの大きな違いは入射角とスピン量です。ライが悪くボールに上から当てなければいけない場合はウエッジを使い、比較的ライがよく、左足上がりの状態からはロフトの立ったアイアンで打つなど使い分けをすると効果的です。

それでは「ピッチ・エンド・ラン」はどうでしょう。キャリーとランの比率が半々の寄せ方なので、手で投げたようなゆっくりとしたボールを打つ必要があります。それには入射角（アタックアングル）は比較的シャローである必要があります。鋭角すぎるとボール初速は速くなり、下から入ればダフることもあります。したがってボール位置はおおよそ体の中心（鼻の前）付近になります。またアドレスでは適度にハンドファーストに構えてから打ちますが、その度合いにはかなり個人差があります。使用ウエッジが56度でどうしても低く打ち出てランが多めになる場合は、58度や60度のウエッジを試すことも必要です。

講義8 Dプレーン理論から考察するバンカーショット

バンカーショットもDプレーン理論を学ぶことでいままでと違った方法が見えてきます。以前は私も、ターゲットラインよりフェースを10度右に向け、アドレスを10度オープンに立ち、アドレスした方向に10度カット軌道でスイングするよう指導していました。しかし、Dプレーン理論によって、それではボールが右に打ち出てしまうことがわかりました。

前述したように、フェースの向きが打ち出し方向に与える影響度は、アイアンで約70%です。ウエッジでもボールの打ち出しは、約70%インパクト時のフェース向きに影響を受けます。残りの約30%が「スイング軌道（クラブパス）」や「打点」になります。ターゲット方向に打ち出すには、ターゲットラインよりもフェースを3度右に向け、アドレスを7度オープンで立ち、アドレスした方向に7度カット軌道でスイングすることが必要です。この角度に関してはあくまでも一例なので、打ち出したいボールの高さによってアドレス時のフェースの開きを増やすことが必要になります。そのフェースオープンの度合いとアドレスオープンの度合いは、常に比率を「3対7」にするように意識してください。

ここで注意しなければいけない点は、打ち出したボールのスピン軸は右に傾いているため、グリーンに着弾後は右にバウンドすることです。これらを考慮したうえでバンカーショットに臨むことで、イメージ通りの方向に打ち出すことが可能になります。

打ち出しの高さについてもDプレーン理論で考えてみましょう。バンカーはボールを直接打たずに砂を叩くエネルギーを利用するショットのため、入射角（アタックアングル）は鋭角になります。でも、高いアゴを越すには、インパクト時の「ダイナミックロフト」を上に向け、ボールの打ち出し角を上げる必要があります。プロゴルファーがフェースを開いて構える理由はここにあります。フェースの開きとアドレスの開きを組み合わせることで、いろいろな高さにボールを打ち出すことが可能になるわけです。ロブショットに関しても仕組みは同じなので、練習場のマットからでもフェースの開く度合いとオープンスタンスの度合いを調整する練習をしてください。

POINT まとめ

1 Dプレーン理論

▶インパクトでスイング軌道とフェース向きがボールの飛び方にどのような影響を与えるかを説明した新しい理論

2 Dプレーン理論による新飛球法則

▶ボールの打ち出し方向は、おもにインパクト時のフェース向きが影響。ボールの曲がり方は、おもにスイング軌道が影響

3 フェース向きの影響度

▶インパクト時のフェース向きの影響はドライバーで約80%、アイアンで約70%

4 ボールの曲がりはスピン軸の傾きの仕業

▶打ったボールが曲がるのはサイドスピンのせいではなくスピン軸が傾くから

5 スピン量を決定するのはスピンロフト

▶スピン量の最大要因であるスピンロフトとは、クラブの入射角とインパクト時のロフト角（ダイナミックロフト）の差

第2章

最新機器が証明した「常識のウソ」

～ボールの位置やアドレスの向きの新しい常識～

講義

ボール位置やアドレスの向きもDプレーン理論で説明できる

ＰＧＡ（日本プロゴルフ協会）のゴルフ教本では、「アドレスはターゲットラインに対して平行（スクエア）、ボール位置は左足カカト内側の延長線上」を基本にしています。

しかし、多くのプロゴルファーは、アドレスで常にスクエアではありませんし、ボール位置も常に左足カカト内側の延長線上でもありません。それではアドレスの向きやボール位置はどこが適切なのでしょうか。

Ｄプレーン理論からボール位置やアドレスの向きを考察するといろいろなことがわかってきます。

仮に自分のスイングを、真上からの映像で見ているとイメージしてください。するとボールに対してクラブは内側から入り、インパクト後に内側に抜けていくことがイメージできると思います。このことを理解するために以下の3つの重要な項目を紹介します。

スイング軌道（クラブパス）＝インパクト時の目標に対してのクラブの動き
クラブの入射角（アタックアングル）＝インパクト時のクラブが入ってくる上下の角度
スイングの方向（スイングディレクション）＝ターゲットに対してクラブヘッドのスイングしている方向

「スイング軌道」と「クラブの入射角」については前述しましたが、「スイングの方向（スイングディレクション）」に関しては、ボール位置やスタンスの方向を理解するために重要な項目といえます。

注意しなければいけない点は「スイングの方向（スイングディレクション）」と「スイング軌道（クラブパス）」の違いです。

この2つの最大の違いは「スイングの方向（スイングディレクション）」がヒザからヒザのクラブのゾーンを指しているのに対して、「スイング軌道（クラブパス）」は、インパクトした瞬間の方向を指しています。

2つの違いと関係をさらにわかりやすく説明すると、仮に「スイングの方向（スイングディレクション）」がターゲットに対して完全にストレートだったとすると、ボールをレベルブローでとらえたときには「スイング軌道（クラブパス）」も完全に一致します。しかし、ボールを右寄りに置いて入射角がダウンブローでとらえれば、「スイング軌道」はインサイド・アウトでとらえることになります。また、その逆にボールを左寄りに置いて入射角がアッパーブローでとらえればカット軌道になります。

スイング軌道(スイングディレクション)

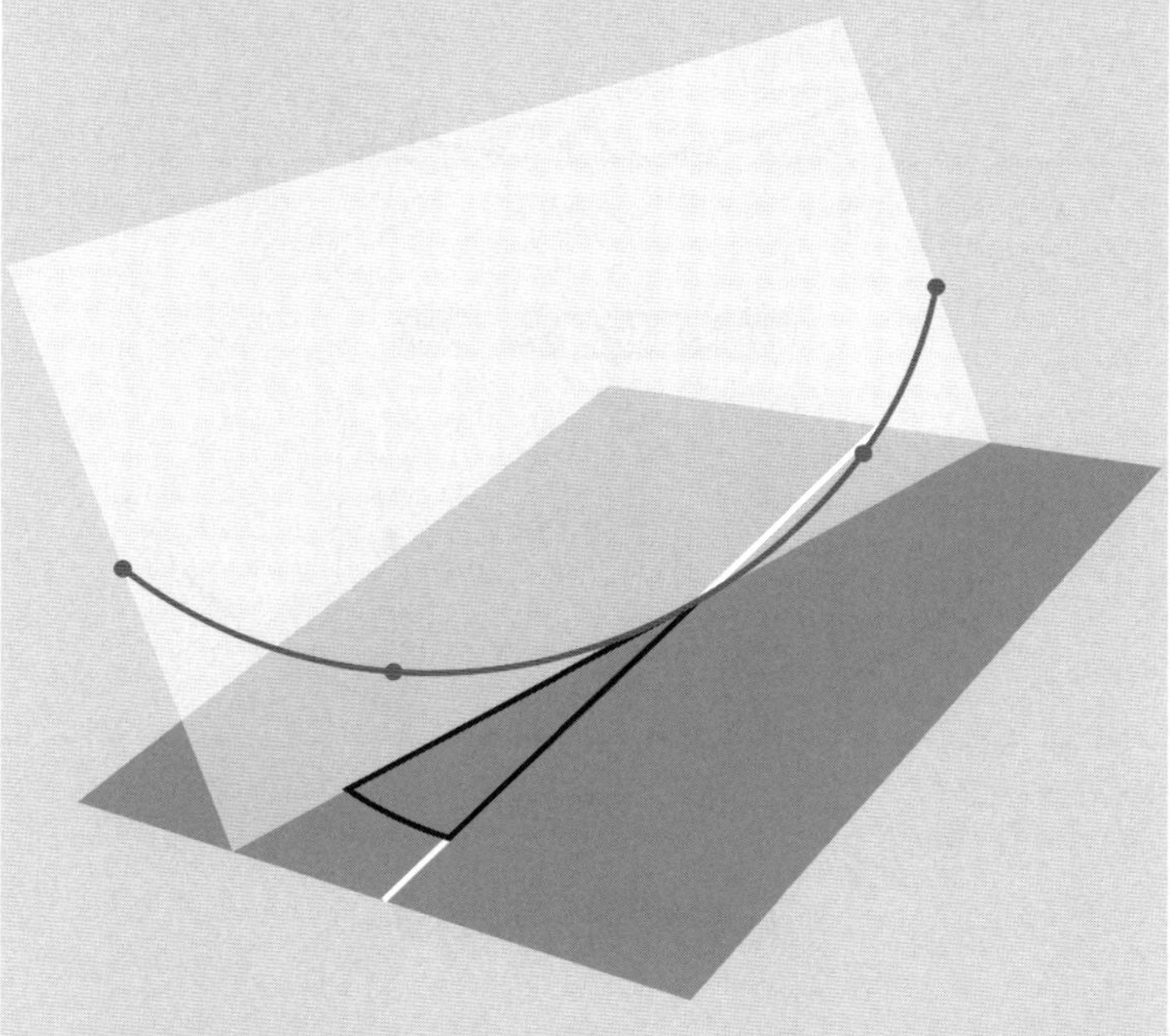

ターゲットに対するクラブの振り抜き角度

ボール位置とアタックアングルの関係

ボール位置がセンター

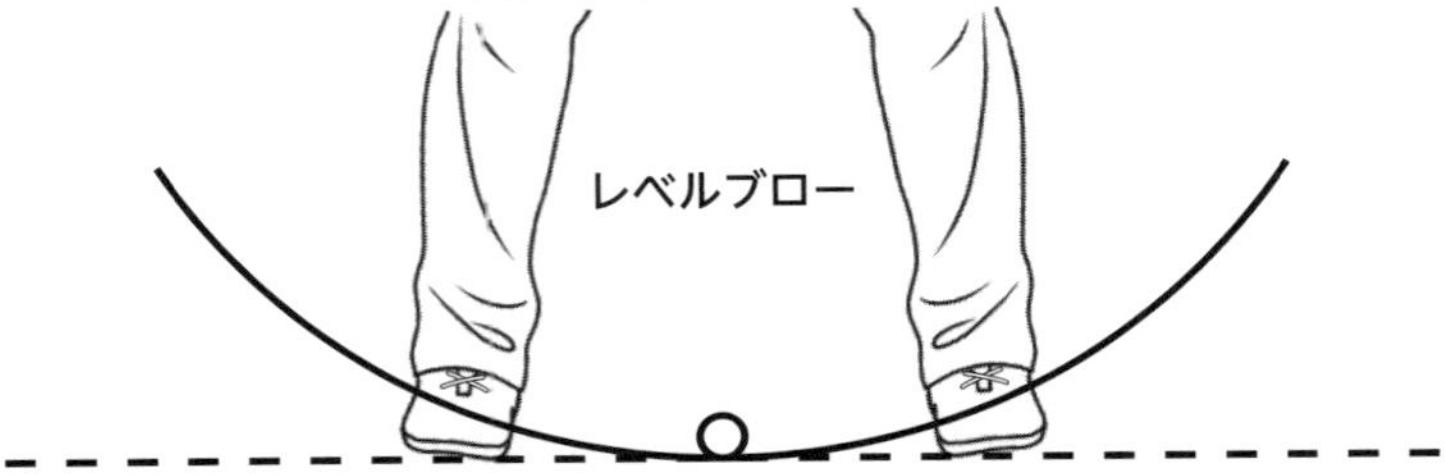

ボールをセンターに置き、クラブヘッドの最下点でインパクトした状態がレベルブロー。アタックアングルは±0度

ボール位置が右寄り

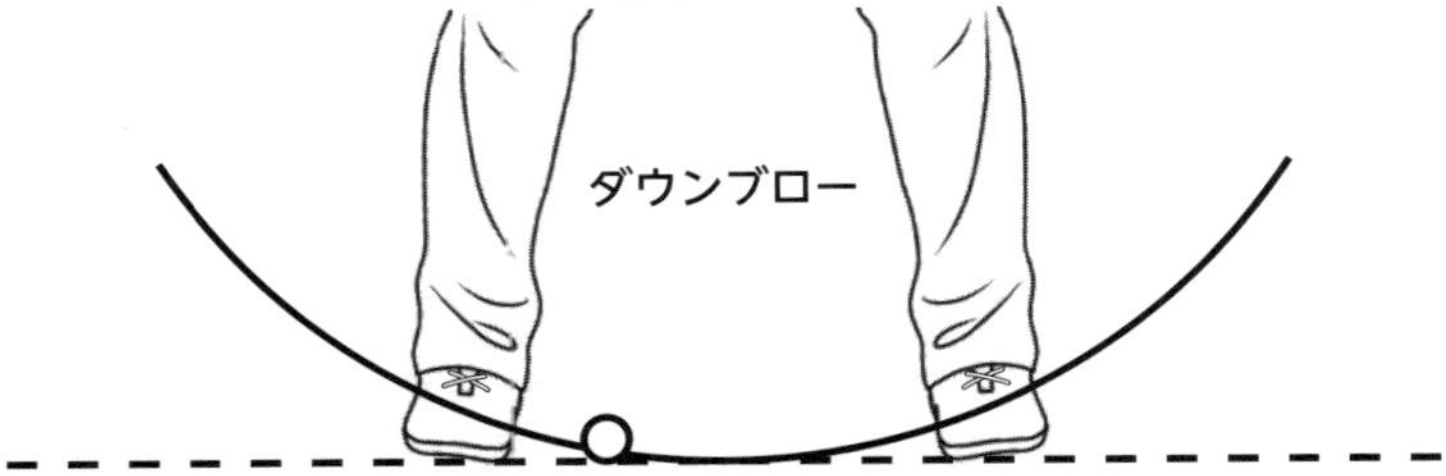

ボールを右に置くことでヘッドが上から入るためダウンブローになる。スイング軌道はインサイド・アウトになる

ボール位置が左寄り

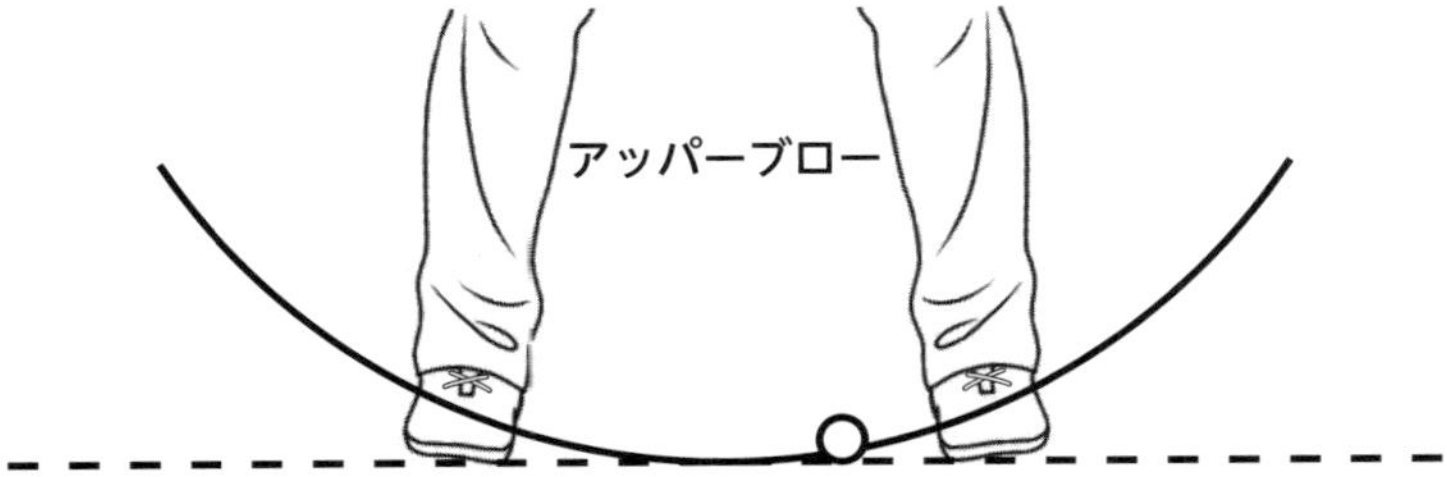

ボールを左に置くとヘッドの上がり際でインパクトを迎えるためアッパーブローに。アタックアングルはプラスになる。スイング軌道はカット軌道になる

ボール位置とスイング軌道の関係

ボールをセンターに置き、インサイド・イン軌道の頂点でインパクトを迎えるとスイング軌道はスクエアに

ボール位置が右だとスイング軌道がインサイド軌道になってドローが出やすい。ウエッジでドローが出やすいのはこのため

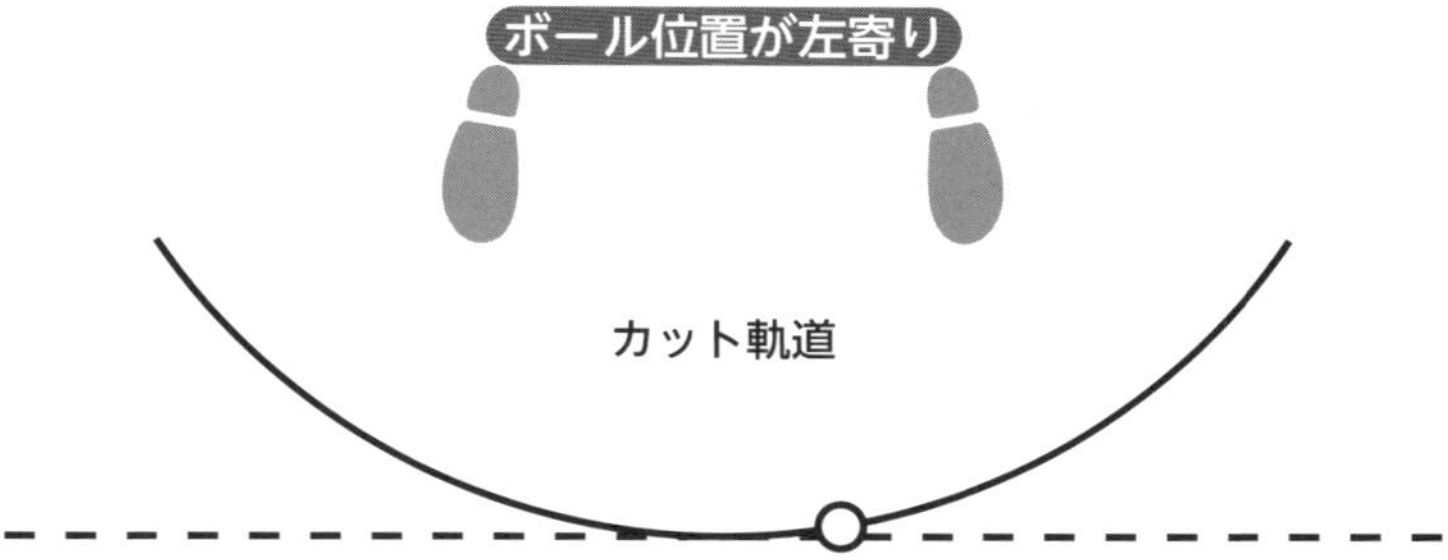

ボール位置が左だとスイング軌道はカット軌道になるため、スライス系のボールが出やすくなる

※すべてのケースはボールがフェースの芯に当たったことを前提とする。

スタンスラインとスイング軌道の関係

ドライバー&フェアウェイウッドの場合

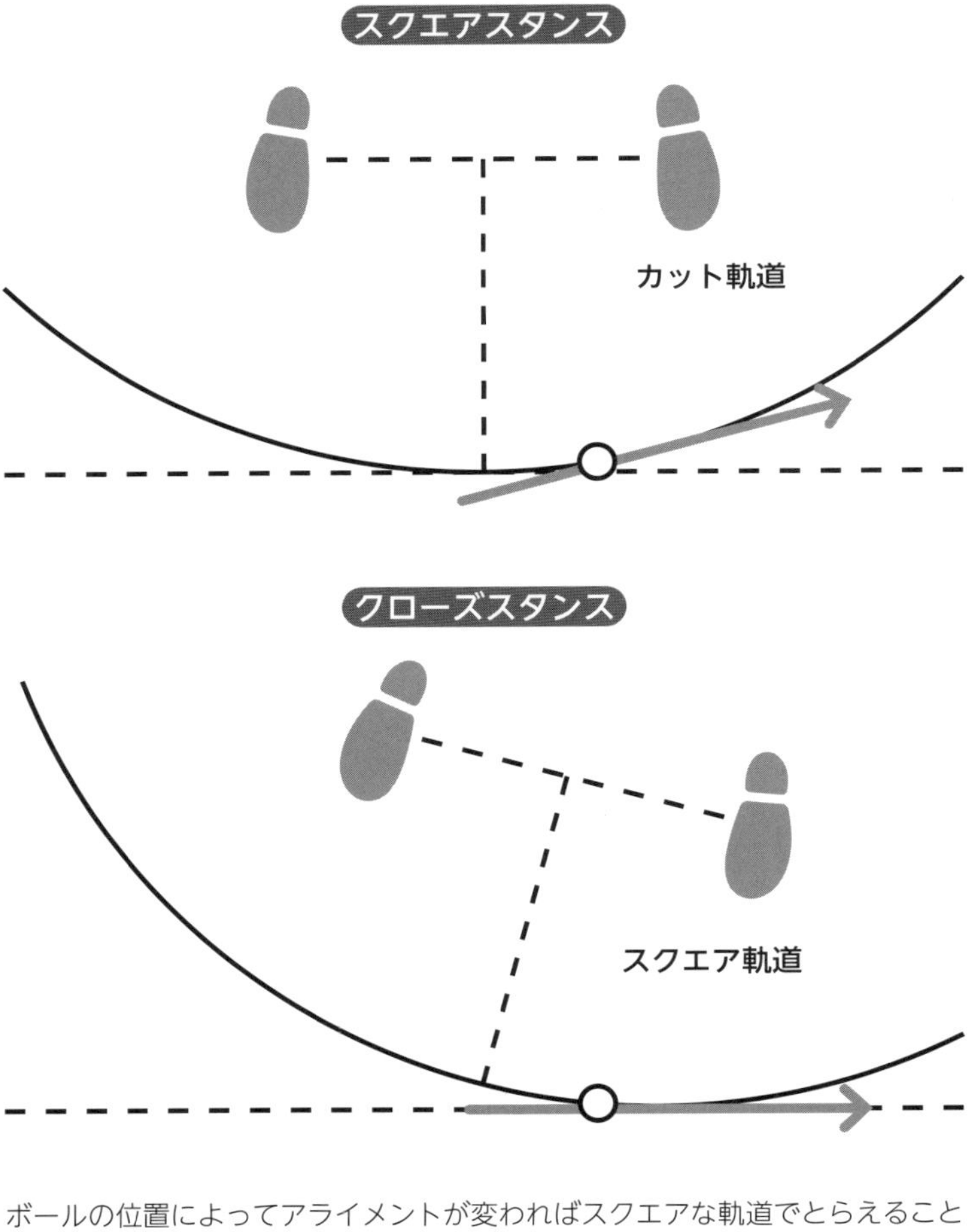

ボールの位置によってアライメントが変わればスクエアな軌道でとらえることが可能になる。ドライバーやフェアウェイウッドのボール位置が左寄りでカット軌道になりやすい場合、クローズスタンスにすればスクエア軌道になる。これは長い番手がクローズスタンスになりやすい根拠を示すものだ

ショートアイアン＆ウエッジの場合

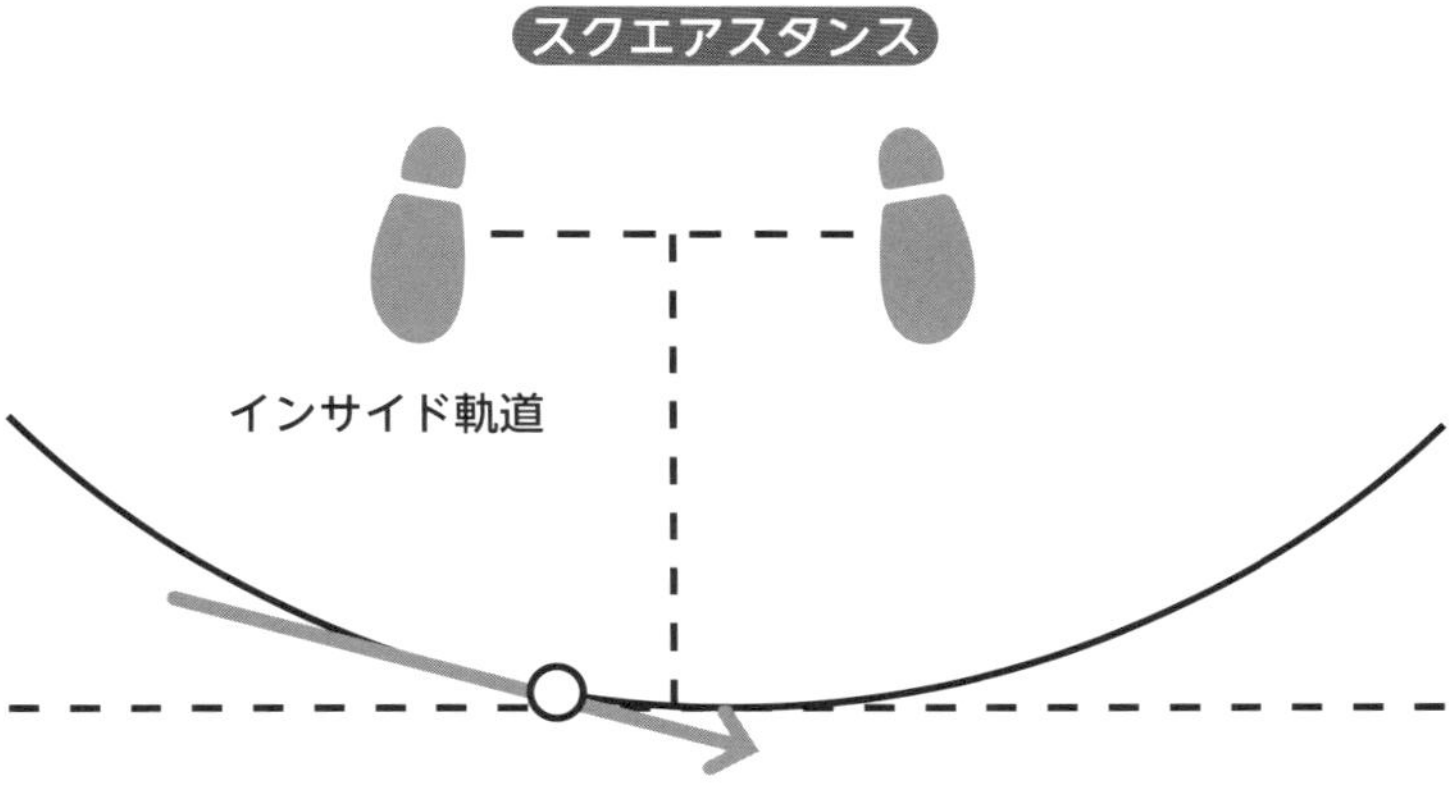

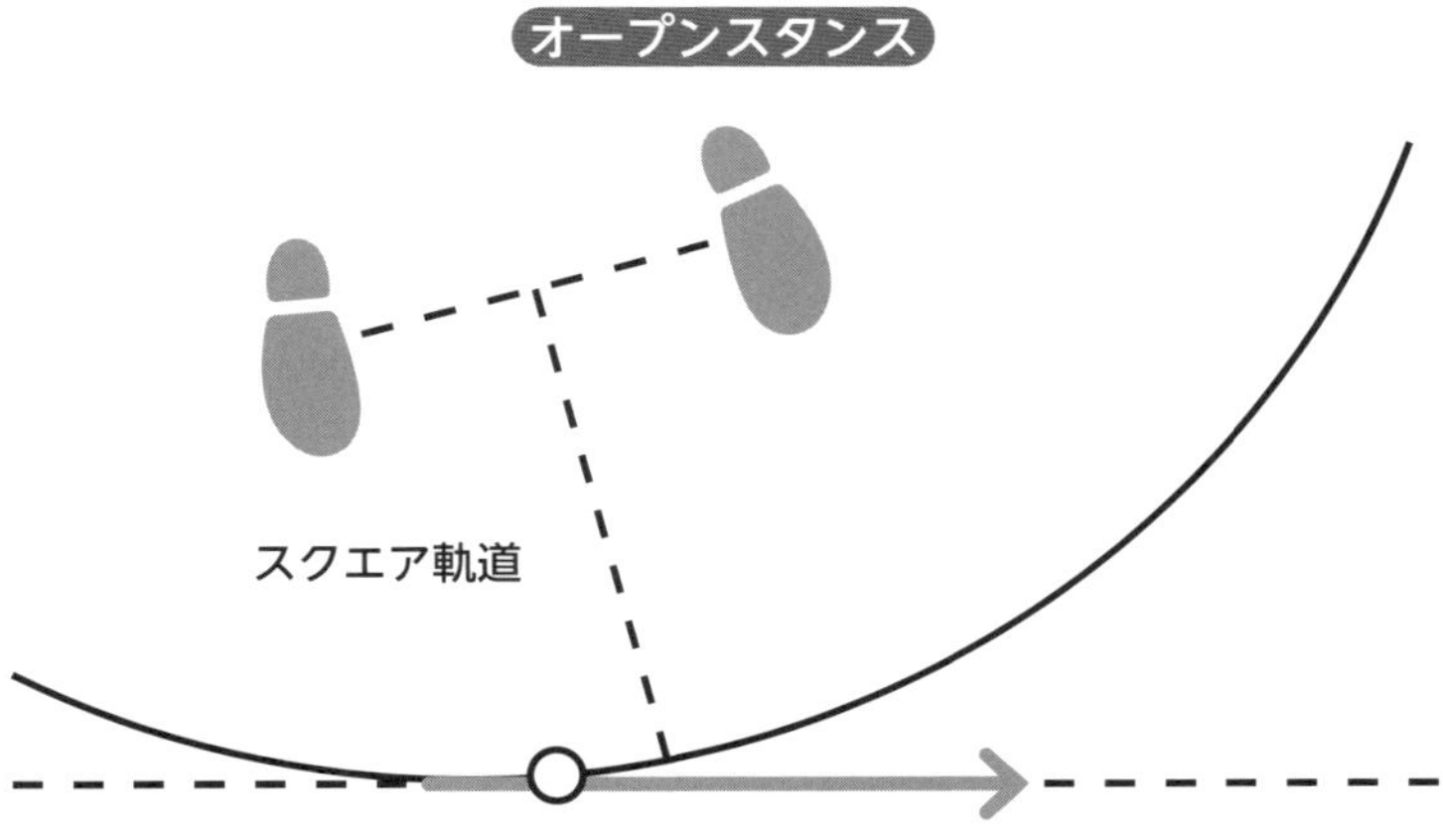

ショートアイアンではボールを右に置くとダウンブローになってドローが出やすい。これはボールを右に置くことでインサイド軌道になるから。スクエア軌道に近づけるにはオープンスタンスをとること。これは短い番手がオープンスタンスになりやすい根拠を示している

補習

傾斜地から打ったときの飛距離への影響

トラックマンに代表されるような高性能な弾道測定器の誕生によって、いままで信じられていた常識が覆りました。そのひとつが傾斜地から打った場合の飛距離です。私が指導している多くのプロゴルファーやトップアマに、傾斜マット（傾斜がついている人工マット）から打ってもらい、その飛距離をトラックマンで測定したところ、個人差はあるものの、いままでの常識とは違ったデータを得ることができたので紹介しておきます。

ここで問題です。ツマ先上がりのライから打った場合と、フラットなライから打った場合ではどちらが飛ぶでしょうか。多くの読者のみなさまは「それはツマ先上がりのほうが左に引っかかるから飛ぶだろう」と考えたと思います。しかしながら多くのプロゴルファーのデータはその逆の傾向を示していました。

なんと多くのプロはツマ先上がりのライからは飛ばなかったのです。

私も多くのプロゴルファーのデータを得るまでは、飛ぶ選手もいれば飛ばない選手もいるだろうと考えていました。しかしながら、ツマ先上がりにおいてほとんどの選手のデータが飛ばないのを目の当たりにして、明らかにひとつの傾向があることに気づかされました。

通常アイアンショットでは、真っすぐ飛んだボールに対して左に飛んだボールは距離が出て、右に飛んだボールは飛距離が出ません。しかし、ツマ先上がりからの測定で飛距離が出なかった理由は、彼らが「左に曲がらないように（曲がりすぎないように）気をつけてスイングしていた」ことが原因であることがわかりました。レベルの高い選手になればなるほど、ツマ先上がりでは引っかかりやすいことを知っています。そのため、引っかかりすぎることを警戒してスイングした結果、飛距離が落ちたのです。

もちろん、ツマ先上がりの程度によっても結果は違いますし、個人差もあるとは思いますが、いままでの常識が覆されることによってマネジメントが大きく変わります。読者のみなさんも実験してみてはいかがでしょうか。

それでは、ツマ先下がりの傾斜地はどのような傾向があると思われるでしょうか。一般的にはライ角の影響があるため、右に飛びやすいといわれています。しかし、傾斜マットからの飛距離測定によって、単純にそうともいえないことがわかりました。

ウエッジやショートアイアンなどボールがつかまりやすいクラブは、フラットなライより飛ぶ傾向があり、逆にミドルアイアンやフェアウェイウッドは飛ばない傾向にあることがわかりました。

このような結論が導き出される背景としては、選手がライを考慮して「右に曲がらないように（ボールをつかまえるように）スイングしている」ことが考えられます。ミドルアイアンよりも長い番手が逆の現象になるのは、いろいろな可能性がありますが、その一因はカット軌道でスイングすることでダフりを防いでいることが考えられます。

では、左足上がりや左足下がりではどのような傾向があるのでしょうか。

左足上がりで飛ばない傾向なのは、ボールが上がりやすいウエッジやショートアイアンになります。

逆に上がりにくいロングアイアンやフェアウェイウッドは飛ぶ傾向になります。

また、左足下がりは一般的には飛ばないといわれますが、ウエッジからショートアイアンではクラブの入射角が鋭角になり、インパクト時のロフトも立って当たるため、飛ぶ傾向になります。逆にボールが上がりにくい番手になると、さらにボールが上がらないため飛びません。

もちろんこれらの計測は傾斜マットを使用したもので、立っているのもきつい傾斜地からのショットや、ボールがラフにあった場合などは、必ずしもこれらの傾向が生じるとは限りません。大事なのは、これまで常識とされていたことが、実際には個人差やクラブによっても変化することを知ることです。

あるプロの傾斜別飛距離測定値

（単位／ヤード）

	フルスイング	左足上がり		左足下がり		ツマ先上がり		ツマ先下がり	
58°	83	80	-3	86	+3	83	0	88	+5
52°	96	93	-3	97	+1	96	0	101	+5
48°	103	101	-2	104	+1	102	-1	106	+3
PW	113	111	-2	114	+1	111	-2	114	+1
9 I	124	123	-1	125	+1	122	-2	125	+1
8 I	137	137	0	138	+1	135	-2	137	0
7 I	148	148	0	145	-3	146	-2	148	0
6 I	156	158	+2	151	-5	151	-5	156	0
5U	168	168	0	162	-6	166	-2	166	-2
4U	179	181	+2	171	-8	179	0	177	-2
5W	200	203	+3	192	-8	193	-7	195	-5
3W	201	204	+3	×	×	×	×	×	×
1W	23	×	×	×	×	×	×	×	×

あるプロが傾斜から打ったボールの実測値。実際に計測してみると表のような傾向が現れる

ライによる飛距離の変化

	短い番手の傾向	長い番手の傾向
左足上がり	飛ばない	飛ぶ
左足下がり	飛ぶ	飛ばない
ツマ先上がり	飛ばない	飛ばない
ツマ先下がり	飛ぶ	飛ばない

POINT
まとめ

1

ボール位置とアドレスの向きの考察には３つの要素が必要

▶**スイング軌道**（クラブパス）＝インパクト時の目標に対してのクラブの動き
クラブの入射角（アタックアングル）＝インパクト時のクラブが入ってくる上下の角度
スイングの方向（スイングディレクション）＝ターゲットに対してクラブヘッドのスイングしている方向

2

ボール位置とアタックアングルの関係

▶ボール位置がセンター＝レベルブロー、ボール位置が右寄り＝ダウンブロー、ボール位置が左寄り＝アッパーブロー

3

ボール位置とスイング軌道の関係

▶ボール位置がセンター＝スクエア軌道、ボール位置が右寄り＝インサイド軌道、ボール位置が左寄り＝カット軌道

4

傾斜からのショット

▶ツマ先上がりは飛ばず、ツマ先下がり、左足上がり、左足下がりは番手によって変化する

第3章

ヘッドの入射角について考える

～「ナイスショットの正体」を科学で解き明かす～

講義1 真のナイスショットを打て

トラックマンの誕生によって、誰もが、タイガー・ウッズや松山英樹《まつやまひでき》をはじめ、世界トップクラスのプレーヤーのヘッドスピードや飛距離はもちろん、「スイング軌道」「フェース向き」「打点」「入射角」「ダイナミックロフト」「スピン量」などの詳細なデータも見ることが可能になりました。

これは非常に画期的なことで、仮にタイガー・ウッズと同じデータで打つことができれば、タイガーとまったく同じ球質のショットが打てたということです。

私がツアープレーヤーを目指していた若い頃、世界で活躍するプロゴルファーを見て「体の中に入ってどんな感じでスイングしているか体験してみたい」と、いつも考えていました。もちろん実際には不可能なので、来る日も来る日もビデオカメラで自分のスイングを撮影しながら、少しでもトッププロと同じスイングができるように練習したものです。

その頃から考えれば、トラックマンでトッププロのデータを見ながら、自分のデータと比べて練習できる最近の選手は非常に恵まれているといえます。

大学でゴルフを始めた東大ゴルフ部員や初・中級者のゴルファーにとって、「真のナイスショット」を体験することは非常に重要です。彼らはプロゴルファーが感じているような最高の打球感のナイスショットを一度も打ったことがない可能性すらあります。

アマチュアゴルファーの多くは、打ったボールが目標方向に飛んで行ったらナイスショットと判断するでしょう。しかし実際には、クラブの芯でとらえられていないかもしれませんし、狙ったボールでない可能性もあります。結果オーライであっても、その球が真に素晴らしい球であったかは別ということです。

もちろん、ゴルフは数字を競うスポーツですから内容がどうであれ、結果がよければよいという一面もありますが、本当のナイスショットの感覚を体感することは、上達において非常に有効なことです。ですから、日常の練習においても、ウエッジからドライバーすべてのクラブで「真のナイスショット」を打つことを目標にしてください。

球筋は、「どこに打ち出されて、どう曲がるか」という横の飛び方、「どの高さに打ち出されバックスピンはどの程度かかるか」という縦の飛び方で決定します。さらに、前者は「フェースの向き、スイング軌道、打点」の3点、後者は「ダイナミックロフト（インパクト時のロフト）、入射角、打点」の3つが影響します。

この仕組みを理解したうえで「真のナイスショット」を求めて練習に励みましょう。

球筋は何によって決定されるか？

どこに打ち出されて、どう曲がるか

〔決定要素〕

① フェースの向き
② スイング軌道
③ 打点

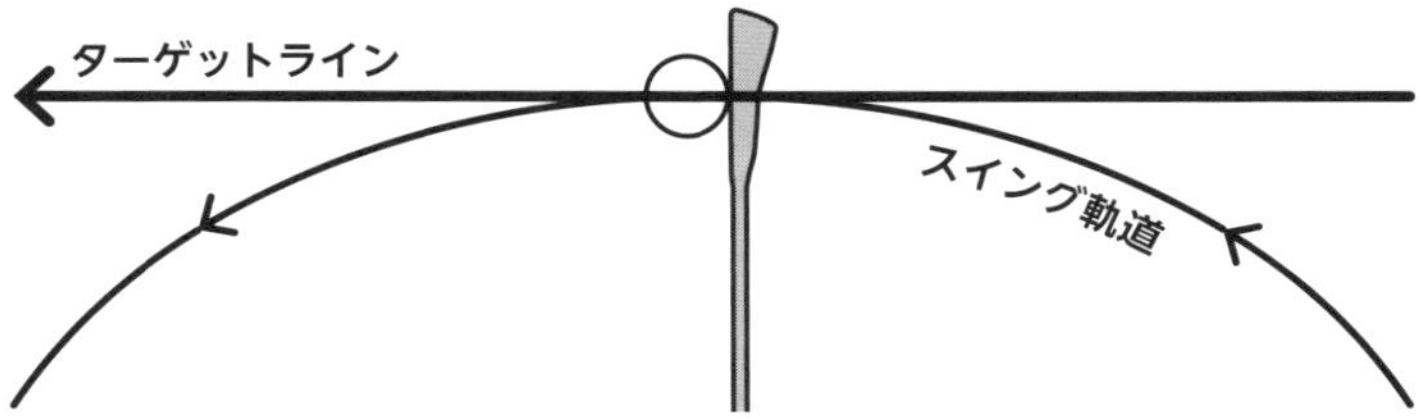

ターゲットライン、スイング軌道の双方に対してフェースの向きがスクエア。さらに、フェースの芯でボールをとらえるとボールは真っすぐ飛ぶ（風などの外的要素は除く）

どの高さに打ち出されるか

〔決定要素〕

① ダイナミックロフト（インパクト時のロフト）
② クラブヘッドの入射角
③ 打点

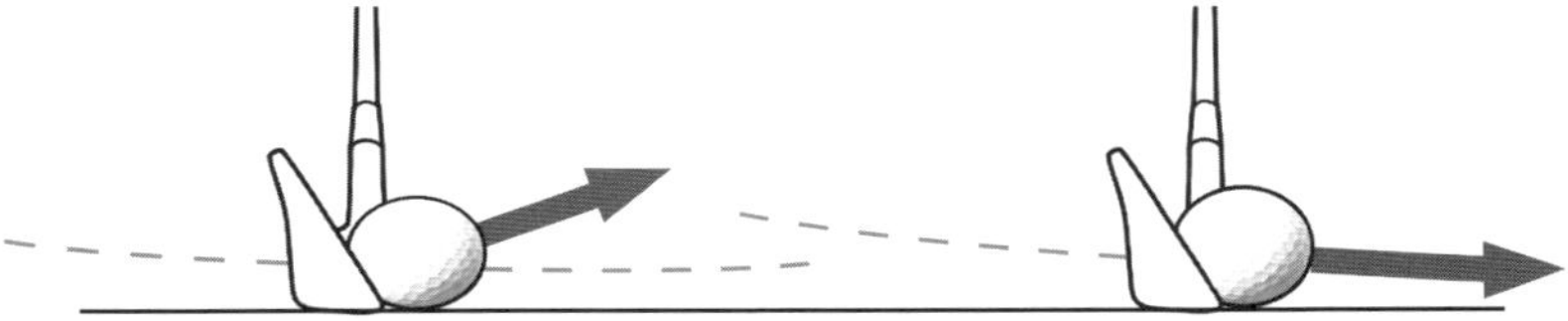

どの高さに打ち出されるかはインパクト時のロフトと入射角で決まる

入射角とはインパクトの瞬間におけるクラブヘッドの上下の動き

ナイスショット時のヘッドの動き

ドライバー

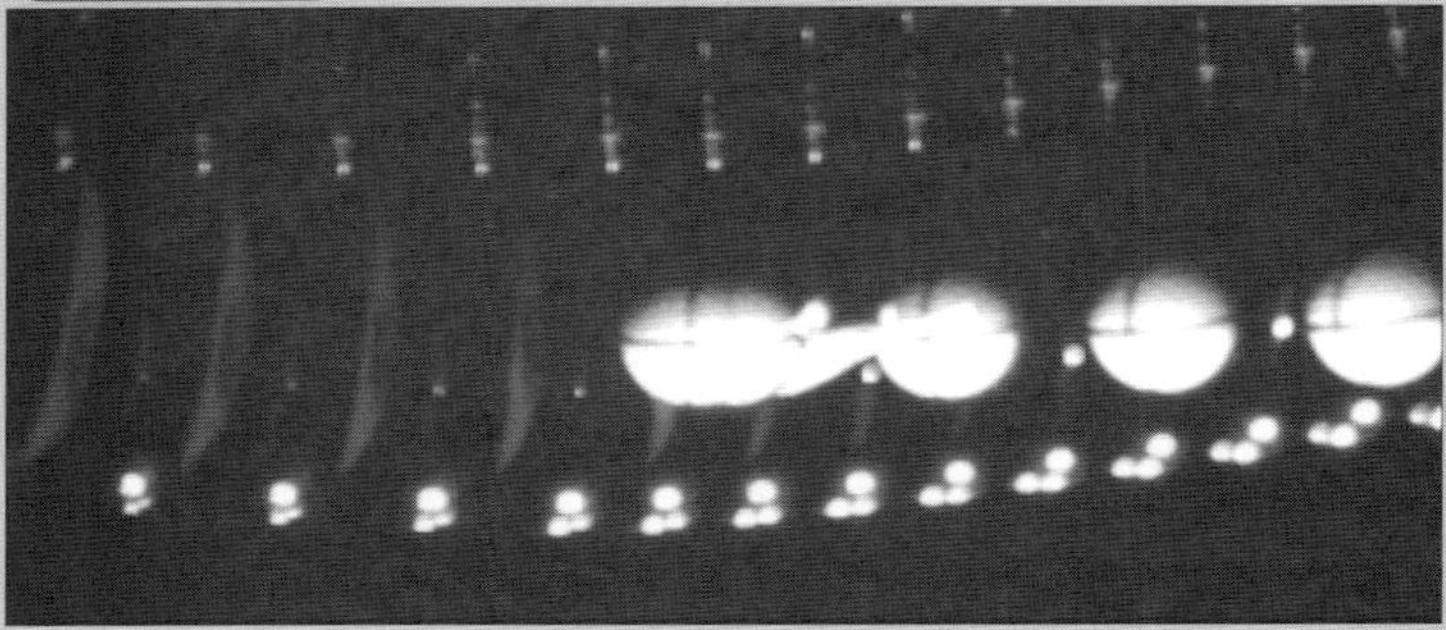

イン・ストレート・インの軌道で動くクラブのフェースがスクエアになったところでインパクト。アッパーブローでとらえているため、シャフトの付け根の部分が逆しなりしている

7番アイアン

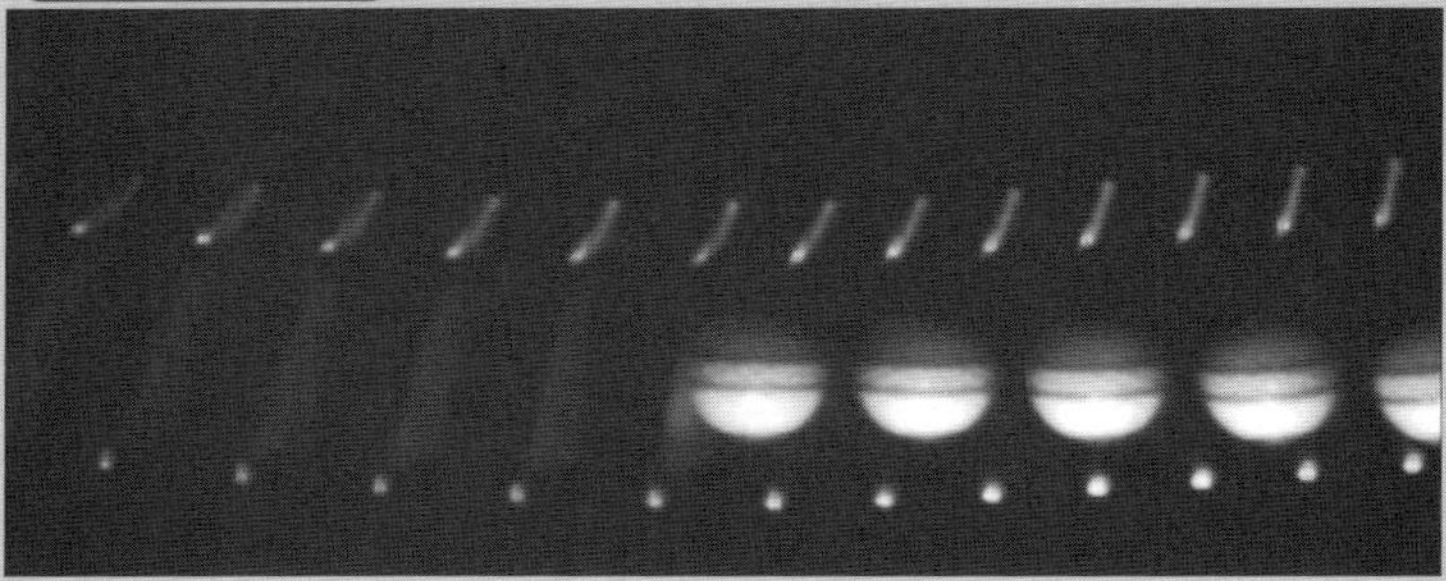

ややインサイドからヘッドが入り、フェースの芯でインパクト。ドライバーに比べるとボールの位置が右のため、シャフトの付け根の部分がターゲット方向に傾きハンドファーストでインパクトしている

入射角とダイナミックロフトよる弾道の違い

低弾道

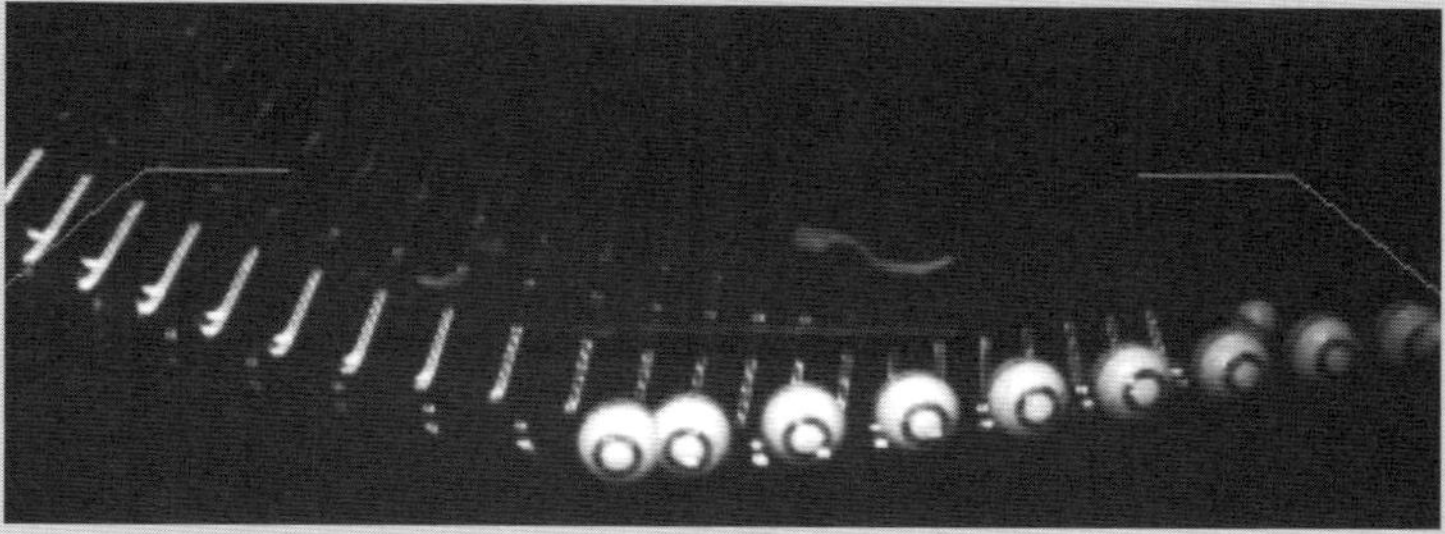

クラブが鋭角に下りてきて、相当ハンドファーストでインパクトしている

中弾道

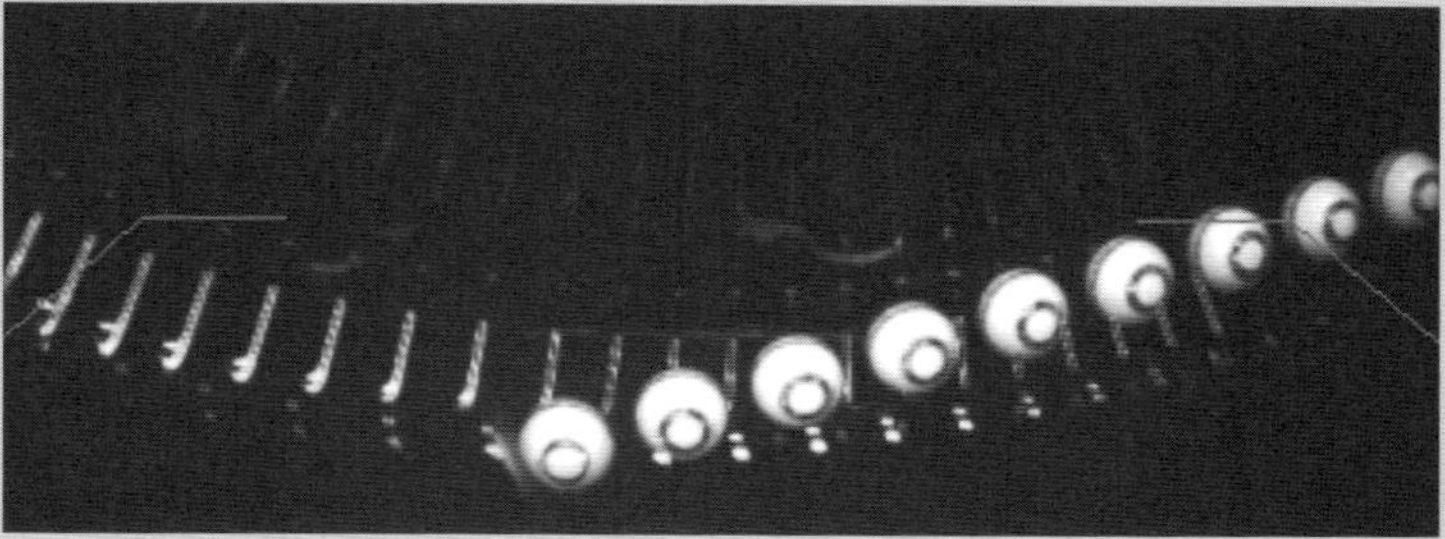

標準的な入射角で下りてきたあと、適切なハンドファーストでインパクトしている

高弾道

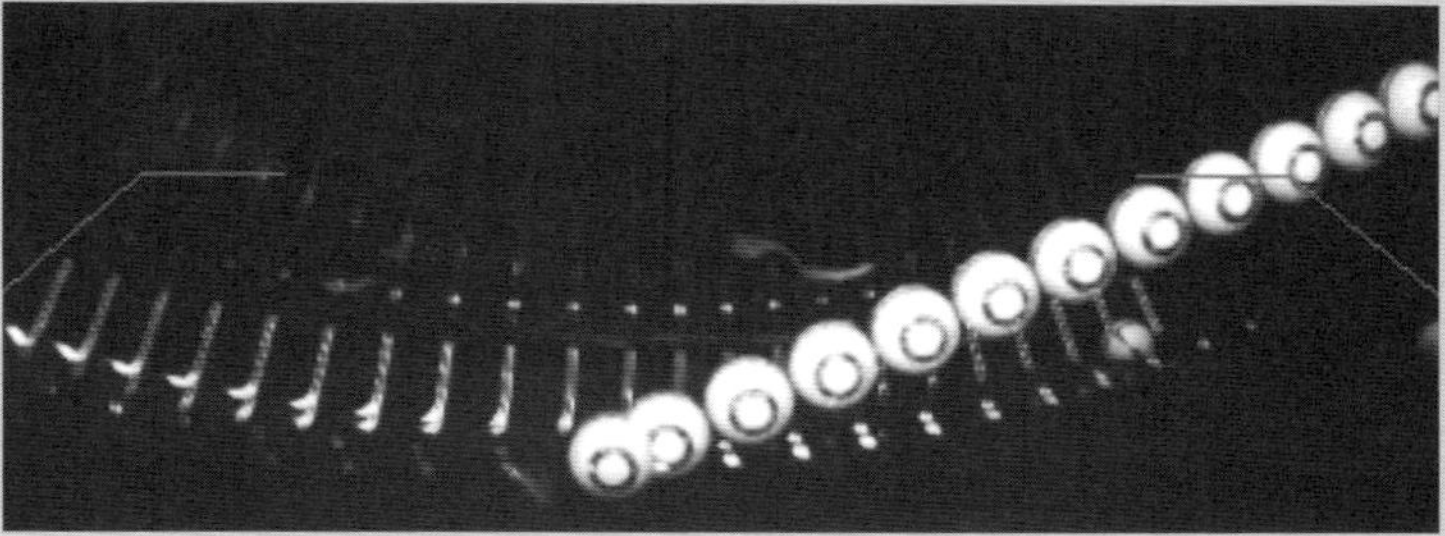

ゆるやかな入射角で下りてきたあと、クラブをリリースした状態でインパクトしている

講義2

適正入射角は男女で違う ～ドライバー編～

トラックマンの発表しているデータで、アメリカの男女両ツアーの入射角（アタックアングル）の平均値（P85参照）があります。

これを見ると最も大きな違いがあるのがドライバーであることがわかります。男子ツアーの平均値がマイナス1・3度（マイナスは上から）であるのに対し、女子ツアーの平均値はプラス3・0度（プラスは下から）になっています。なんと4・3度の開きがあったのです。参考までに男女ツアーのドライバーのデータは下図の通りです。

	アメリカ男子ツアー	アメリカ女子ツアー
ヘッドスピード	50.5m/s	42m/s
入射角	-1.3°	＋ 3.0°
打ち出し角	10.9°	13.2°
スピン量	2686rpm	2611rpm
高さ	32 ヤード	25 ヤード
着弾角	38°	37°
キャリー	275yds	218yds

※アメリカ男子ツアーの平均飛距離は約 292.7 ヤード、同女子ツアーの平均飛距離は約 252.8 ヤード（ともに 2017 年）

単純に説明すると入射角がアッパー（プラス）の場合は、高弾道低スピンになるため飛距離が出ます。対してダウン（マイナス）のほうは、打ち出し角も低くなり、スピン量も増すため飛距離が出ません。

ちなみにドラコン選手たちの多くはプラス5・0度（アッパー）以上が多いことから考えても、アッパーブローが大きいほうが飛ばし重視、ダウンブローが大きいほうがコントロール重視であることがわかります。しかし、私が多くのプロを測定した経験値からいうと、ボールをコントロールできる適正入射角の範囲はプラス5度（アッパー）からマイナス5度（ダウン）までと考えられます。

これらの事実を踏まえて男女両ツアーの入射角（アタックアングル）の違いを考えてみましょう。男子はコントロール重視、女子は飛距離重視であることがわかります。

彼らの目的は少ない打数でホールアウトすることです。よって、この統計的なデータは個々のヘッドスピードや試合ごとのコースセッティングによって都度個別の対応はあるものの、ツアーにおいて男女プロがメリットの大きい打ち方を判断したうえで生み出した技術的な違いを示しています。

これを東大ゴルフ部員にあてはめた場合、彼らの多くにはアッパーブローを勧めています。部員もそうですがヘッドスピードが平均的なアマチュアゴルファーの多くは、もっと飛ばしたいと思っているはずです。そうであれば、ドライバーの入射角はアッパーブローを目指してください。

アメリカツアーでのアタックアングルの平均値

女子ツアーの平均値

	アタックアングル（度）
Driver	+3.0°
3-wood	-0.9°
5-wood	-1.8°
7-wood	-3.0°
4 Iron	-1.7°
5 Iron	-1.9°
6 Iron	-2.3°
7 Iron	-2.3°
8 Iron	-3.1°
9 Iron	-3.1°
PW	-2.8°

男子ツアーの平均値

	アタックアングル（度）
Driver	-1.3°
3-wood	-2.9°
5-wood	-3.3°
Hybrid 15-18°	-3.5°
3 Iron	-3.1°
4 Iron	-3.4°
5 Iron	-3.7°
6 Iron	-4.1°
7 Iron	-4.3°
8 Iron	-4.5°
9 Iron	-4.7°
PW	-5.0°

https://trackmangolf.com

表内の－（マイナス）は、クラブが上から、＋（プラス）はクラブが下から入っていることを示している。女子プロのほうが上からの入り方が少ない

講義3
スイングの修正には、鏡やビデオを見よう

基本的なスイングの習得や、体やクラブの動かし方を修正するために、最も手軽で有効なツールは、スマートフォンのビデオカメラでしょう。プロのトーナメント会場でも、多くのプロがビデオ機能を利用してスイングチェックしているのを見かけます。もちろん、部員もスイングチェックを行うときにはこれを使っています。

ビデオが重宝されるわけは、自分で動いているイメージと実際のスイングでは、どの程度違いがあるかを確認することができるからです。

「インサイドにバックスイングを上げよう」

「体を開かないようにダウンスイングしよう」

実際、多くの部員は、このようになんらかのテーマを持ちながらスイングを行っています。しかし、すぐに思い通りの動きができる者はほとんどいません。そのため、自分のイ

メージと現実を合わせるために何度も繰り返し映像で確認しているのです。体操競技の内《うち》村航平《むらこうへい》選手が、自身の演技をビデオでチェックして練習している様子をテレビで観たことがありますが、ゴルフスイングの動きの習得や修正もこれとまったく同じ作業が必要です。

ビデオカメラ以外にも体の動かし方を修正するには、鏡の前で自身の動きをチェックすることが有効です。ビデオカメラの最大の問題点は、ショット後に確認するためタイムラグが生じることです。それに対して鏡の前での素振りは、正確にいまの動きを映しているので、試行錯誤しながら動きに修正を加えることができます。

「よいスイングを身につければ曲がらない」という考え方と「ボールの飛びからDプレーン理論を使って逆算する」方法は、対極にある考え方です。それを勉強でたとえると、「問題から正解を導くこと」と「正解から問題を予測すること」に似ています。「Dプレーン理論」を理解して修正法を学んでも、その通りに体を動かせなければ、ただの「物知りな学生」になってしまいます。鏡やビデオを使って自分のスイングと向き合うことも彼らにとっては大切なのです。

講義4

適正入射角は男女で違う
〜アイアン編〜

アイアンはただ飛ばすだけではなく、狙った距離を打ち、狙った場所にボールを止めることが目的のクラブです。しかし、プロのトーナメントでは、選手の技術を引き出すためにグリーンを硬く速くセッティングしています。ですからアマチュアゴルファーよりも、より高弾道で、止めることのできる球質が要求されます。

男子プロの多くが、アイアンショットで大きなターフ（芝）を飛ばしながらショットしています。しかし、女子プロは男子ほど大きなターフをとっている選手は見かけません。こういった違いはどこからくるのでしょうか。それはグリーンにボールを止めるために必要な弾道が違うからです。

7番アイアンの男女ツアーの平均データは左図の通り。

	アメリカ男子ツアー	アメリカ女子ツアー
ヘッドスピード	40.2m/s	34m/s
入射角	-4.3°	-2.3°
打ち出し角	16.3°	19°
スピン量	7097rpm	6699rpm
高さ	32 ヤード	26 ヤード
着弾角	50°	47°
キャリー	172yds	141yds

ご覧いただければわかる通り、男子プロのボールは女子プロよりも低く打ち出されますが、女子より多くバックスピンが入るため、ボールの最高点が6ヤードも高くなっています。そしてボールを止めるために最も重要な着弾角度は、男子が50度、女子が47度となっています。男子プロのほうが、より止まりやすいボールを打っていることがわかります。

仮にヘッドスピードの速い男子プロが、女子プロと同じ入射角で打つとボールは上がり過ぎ、風の影響を受けやすく距離の計算が難しくなるでしょう。また、女子プロが男子プロの入射角で打てば、ボールが上がらずグリーンに止めることは難しくなります。このようにアイアンの適正入射角はヘッドスピードやグリーンのコンパクションによっても変わるのです。

講義5

アイアンの適正入射角を知る方法

東大ゴルフ部員の練習を見ていると、アイアンがカット軌道で、入射角が鋭角に入り過ぎるケースが多いように感じます。これは初心者ゴルファーの90％以上に見られる症状ですが、このような場合、素振りのやり方を変えることが有効です。

初心者ゴルファーだと、コースの芝はもちろん、練習場のマットですら素振りで地面を擦らずに空中を振っている姿を見かけます。アイアンの適正な入射角を覚えるためには、マットを擦るような素振りが効果的です。たとえば、鋭角的にクラブが下りてくると、刺さったような衝撃が手元に伝わります。また、アッパーでスイングするとボールがあると思われる場所よりも、右側にヘッドが落ちてしまうことでしょう。

アイアンで適正弾道を打つためのボール位置は、体の中心から左足カカト内側の延長線

上のどこか（ヘッドスピードによっても変わる）といえます。ですから、

アイアンの適正入射角を知るための正しい素振りは、体の中心よりも左側にボールがあるイメージで、マットを擦るように素振りを行うことが大切です。

同時にマットに残った擦り跡をチェックできればスイング軌道も修正できますので、さらに効果的な素振りになります。練習マットとスイングできるスペースさえあれば自宅でも可能な練習ですのでお試しください。

素振りでは絶対にソールで地面を擦らなければいけない

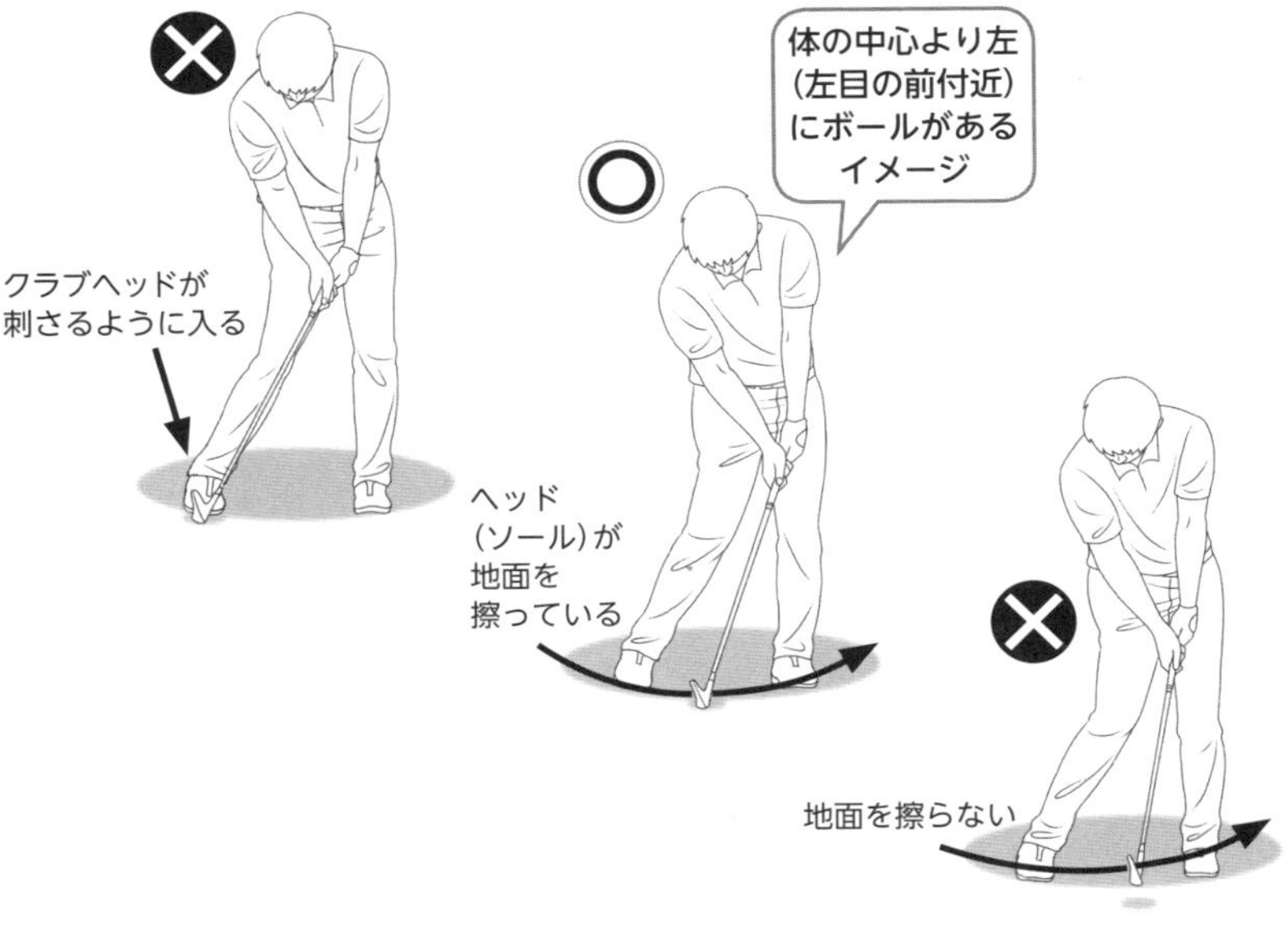

下半身をうまく使って体の回転を促すパワフルなスイング。ダウンスイングでヘッドが上から入り、ハンドファーストでインパクトに向かっています

講義6　お手本スイング

パワフルで正確性の高いスイング

きれいなインサイド・インのスイング軌道でタイミングよくボールをとらえています。アドレスからフォローまでずっと前傾が変わらないのでクラブの動きが安定しています

前傾キープでクラブの動きが安定している

正面(ヘッドのトゥ側)から見たインパクト前後

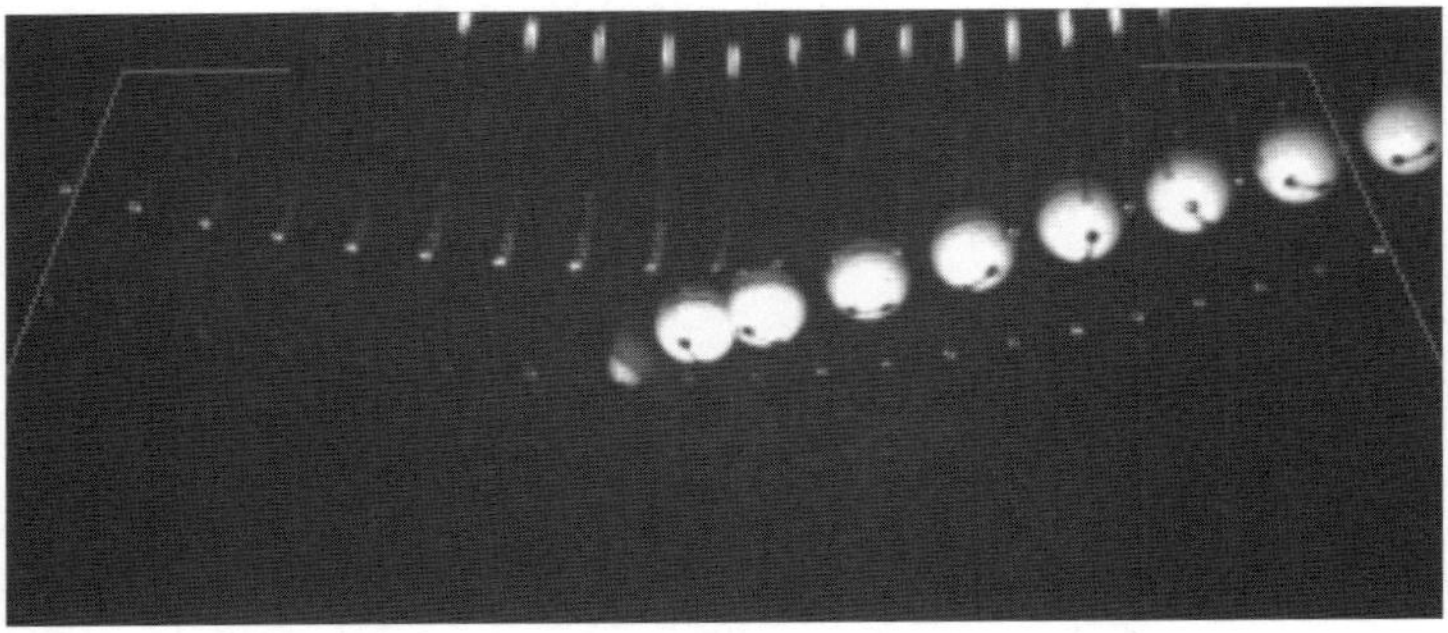

適正な入射角でボールにコンタクト。ボールのスピン軸は傾いていない

上から見たインパクト前後

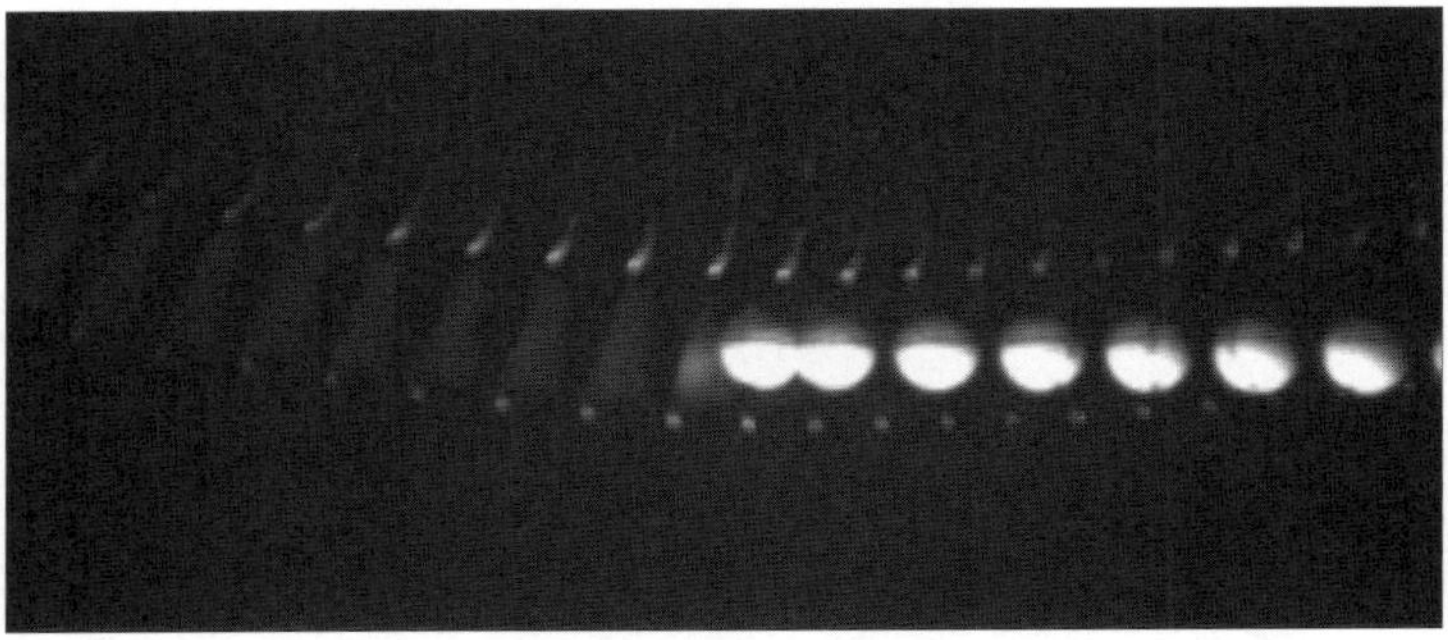

ヘッドがイン・トゥ・インに動き、かつフェースの芯でボールをとらえている

ヘッドの軌道、フェースの動きともにほぼ完璧で打点も問題なし

6歳からゴルフを始め、中学3年生のときに出身地の広島で国体選手になり、『日本アマチュアゴルフ選手権』にも出場経験のある東大ゴルフ部の2年生のスイングです。

高校時代にドライバーショットがおかしくなり、一度は『日本ジュニアゴルフ選手権』にも行けないほど調子を崩しましたが、大学に入って復活してきました。

再び『日本アマ』に出たいと思っているだけあって、パワフルで正確性の高いスイングです。写真は8番アイアンのショットですが、ヘッドの軌道、フェースの動きともにほぼ完璧で、打点も問題なし。インサイド・インのパーフェクトストレートです。

ボールに安定した回転がかかって打ち出されると同時に、ターゲット方向に向かって真っすぐ飛び出しています。

あまり力感はありませんがスムーズに振れています。バックスイングでは左腕、フォローでは右腕がしっかり伸び、シンメトリーに振れています

重心移動が少なく安定感のあるスイング

アドレス通りの角度でクラブが動くので安定感があります。余計な動きも入らないため再現性も高い。アイアンにもってこいのコントロールショットが打てています

上下動がなくシンプルに振っている

正面(ヘッドのトゥ側)から見たインパクト前後

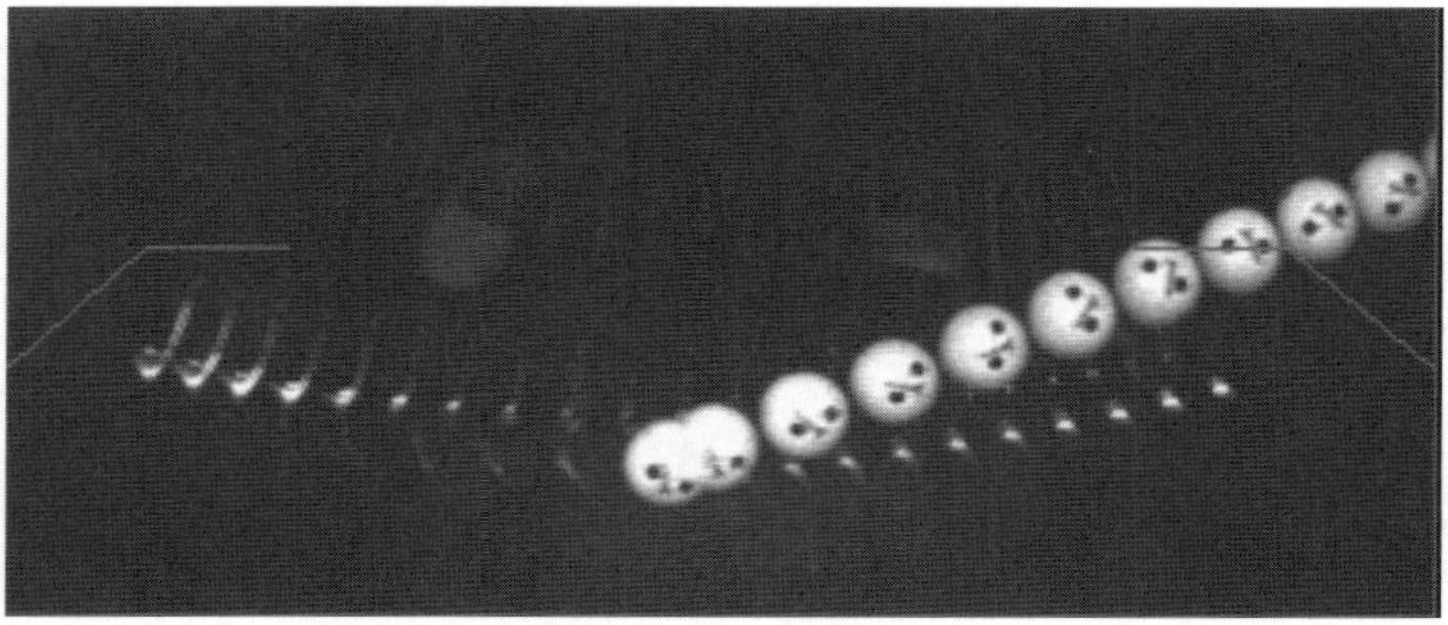

低めの入射角で、きれいにボールを拾っていくイメージのインパクト

上から見たインパクト前後

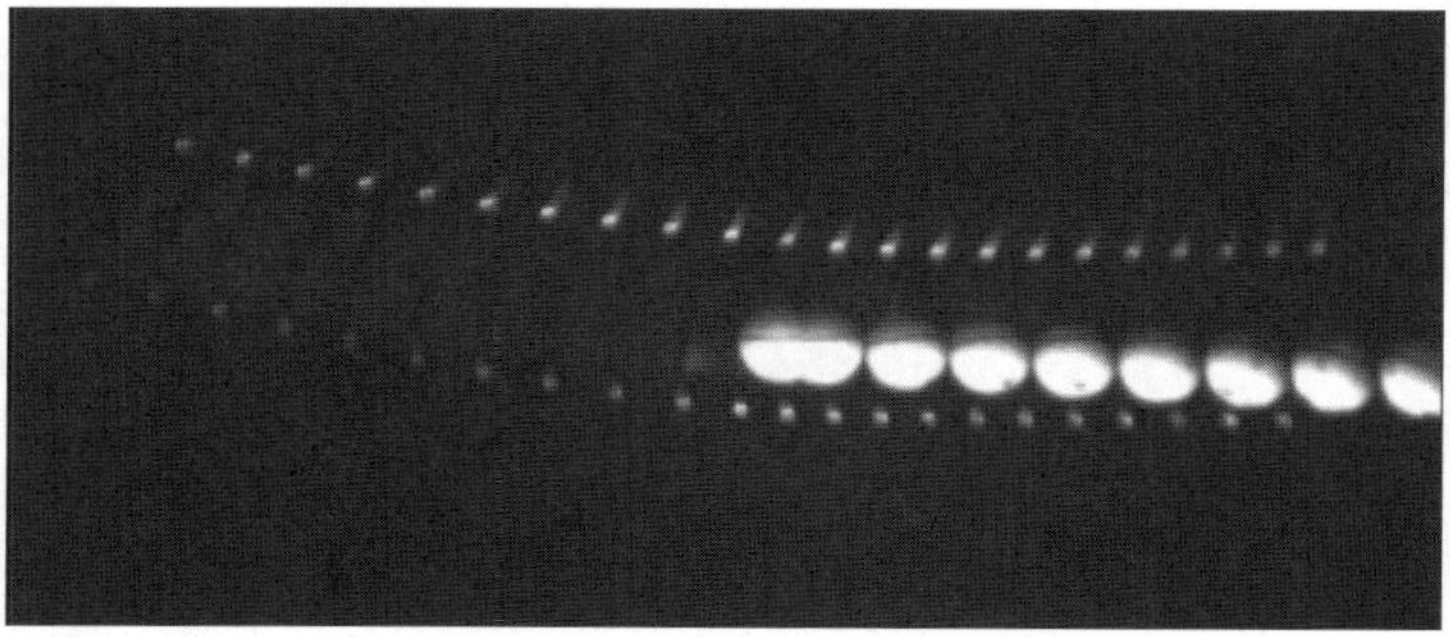

インサイドから入ったヘッドがストレート軌道で抜けていく

ヘッドが低めから入って払うようにインパクト

女子ゴルフ部主将の4年生、彼女のスコアがチームのスコアに直結する中心選手のスイングです。ゴルフを始めたのが小学4年生。その後ブランクがあり大学に入ってからリスタートしました。

子どもの頃にゴルフ経験があるため、スイングが安定しています。パワフルというよりはシュアなスインガータイプで高いショットコントロールの持ち主です。

スイング軌道、フェース向きともにきれいなインサイド・ストレートの動き。フェースの芯でボールをとらえてドローを打つ。そのため出球方向は微妙に右です。女子ということもあり、ヘッドは低い位置から入って払い打つようにインパクトを迎えています。ボールをクリーンに打つ彼女らしいインパクト画像です。

講義7

ハンドファーストインパクトとボールの位置の関係

プロゴルファーとアマチュアゴルファーの大きな違いは、ハンドファーストでインパクトできるかどうかにあります。アマチュアゴルファーがハンドファーストでインパクトできない最大の理由は、インパクトの際に手元がターゲット方向に出る動きによってクラブフェースが開く動きを生みだし、結果的に右に行ってしまうことが原因のひとつにあります。これに関しては、フェース向きの問題なのでDプレーン理論に基づいてグリップや手首の使い方で修正してもらうとして、ここではボール位置に触れたいと思います。

体とボールの距離は、ドライバーからショートアイアンまでで大きく変化します。クラブの長さの違いはもちろんありますが、プロゴルファーがショートアイアンでドライバーのような大きな構えをしないのはなぜでしょうか。それは、ハンドファーストでボールをとらえようとしているからです。

そもそもロフトの寝ているウエッジやショートアイアンは、ボールを止める十分なスピン量があるため、わざわざ風などのリスクを負う高弾道を打つ必要がありません。そのため、実際のロフトよりもロフトを立ててインパクトしようとしているのです。このダウンスイングからインパクトにかけて手元が先行してヘッドを遅らせる動きは、野球のインコース打ちに似ています。

ハンドファーストでインパクトするために、多くのプロゴルファーは、ウエッジやショートアイアンではボール位置を近く、そして小さく構えています。またアドレスよりもかなりハンドファーストが強くなる場合は、構えている位置よりもクラブヘッドが体の近くを通過することがあります。それが多くのプロがショートアイアンでヒールに構える傾向を生み出す要因になっています。

ただしボールが上がらず、グリーンで止められないようなアマチュアゴルファーは、ドライバーのようなとらえ方が必要なので、自身のボールの高さを考慮してボール位置を判断する必要があります。

講義8

ドライバーは低く打つのが正しかった

ドライバーの入射角については、アメリカ男子ツアーの平均値がマイナス1・3度であるのに対し、同女子ツアーの平均値がプラス3・0度になっていることは前述しました。また、アッパーブローで打つことが飛距離を出すには重要であることにも言及しました。

しかし、ジャンボ尾崎プロがメタルドライバーを使用し、高いティアップでドライバーを飛ばす以前の日本プロゴルフ界の常識は、そうではありませんでした。ドライバーがパーシモンだった時代は、ティアップは低めで、「木の下をくぐらせて風の影響を受けないように打て！」といわれた時代がありました。

この傾向がなくなった理由のひとつに、ボールの品質の向上が考えられます。昔のボールはバラタボールだったため、試合で使用する前に水に浮かせて、回転軸が真ん中にあるかどうかチェックしている人さえいたのです。実際、糸巻きバラタボールの中には、コアがセンターにないものもありました。コアがセンターにないとストレートボールを打ってもスピン軸が大きく傾き、10ヤード以上も左右に曲がる可能性があります。打球の滞空時間が長いほどOBに行くリスクを負うことになるわけです。ボールを早く地面に落とすことがリスクを最大限排除することになりますから、できるだけ木の下を通すような低いボールを打つ必要があったのです。

もうひとつの理由は、メタルドライバーの登場です。ドライバーのヘッドがパーシモンからメタルに進化したことでスピン量が大きく減少しました。これにより高弾道に打ち出すことによって飛距離を得られる結果になったのです。

高弾道で飛ばすプレーヤーがたくさん出てきた背景には、間違いなくボールの品質の向上と、メタルドライバーの登場があります。もしアマチュアゴルファーの方で、まだドライバーの低弾道にこだわっている方がいれば、時代の変化に対応した技術を身につけることによって大きく飛距離アップすることも夢ではありません。

講義9
風によってバックスピンって増えるの？

風の強い日にアマチュアゴルファーの方とラウンドしているとこんな会話を耳にします。

「アゲンストだからバックスピンが増えてしまった」
「フォローの風のせいでスピンが解けてしまった」

これらの会話を読者のみなさんは正しいと思われるでしょうか。

実は、このような認識は間違っています。バックスピン量やスピン軸は、インパクトしてボールがクラブと離れた瞬間に決定するものです。したがって、風によってスピン量が増えたり減ったりはしませんし、スピン軸が傾くこともありません。

でも、実際にアゲンストではボールが上がりすぎて飛びませんし、フォローではボールが上がらずグリーンに止まりにくくなります。こういった現象は、バックスピンによって発生するボールの上側と下側の気圧の違いによって揚力が変化することで起こります。

アゲンスト時は、無風時に比べてボール下側の気圧が高くなることで揚力が大きくなります。これによってボールは通常より上に上がっていきます。対してフォローでは逆に揚力が減少しボールが上がりにくくなるのです。

風の中でのプレーは経験値が必要です。

アマチュアゴルファーの方にアゲンストの風の攻略法のひとつを紹介すると、80％の力で軽く打つのがおすすめです。

強い風の中ではスイングも力みやすいものです。仮に力んで強くスイングしたとしても、バックスピン量は増加してしまい、さらにボールは上に舞い上がってしまうでしょう。80

%の力でスイングすれば、バックスピン量は必ず減少します。減少することで、風の影響を受けにくくなるのです。

これ以外にもタイガー・ウッズが得意としているスティンガーショットやパンチショットで対応する策があります。しかし、これらを実践するには、相当な技術とパワーが必要なのでアベレージゴルファーの方には難しいかもしれません。風のときこそ軽く打つことを心がけてください。

スピンとボールが飛ぶ原理

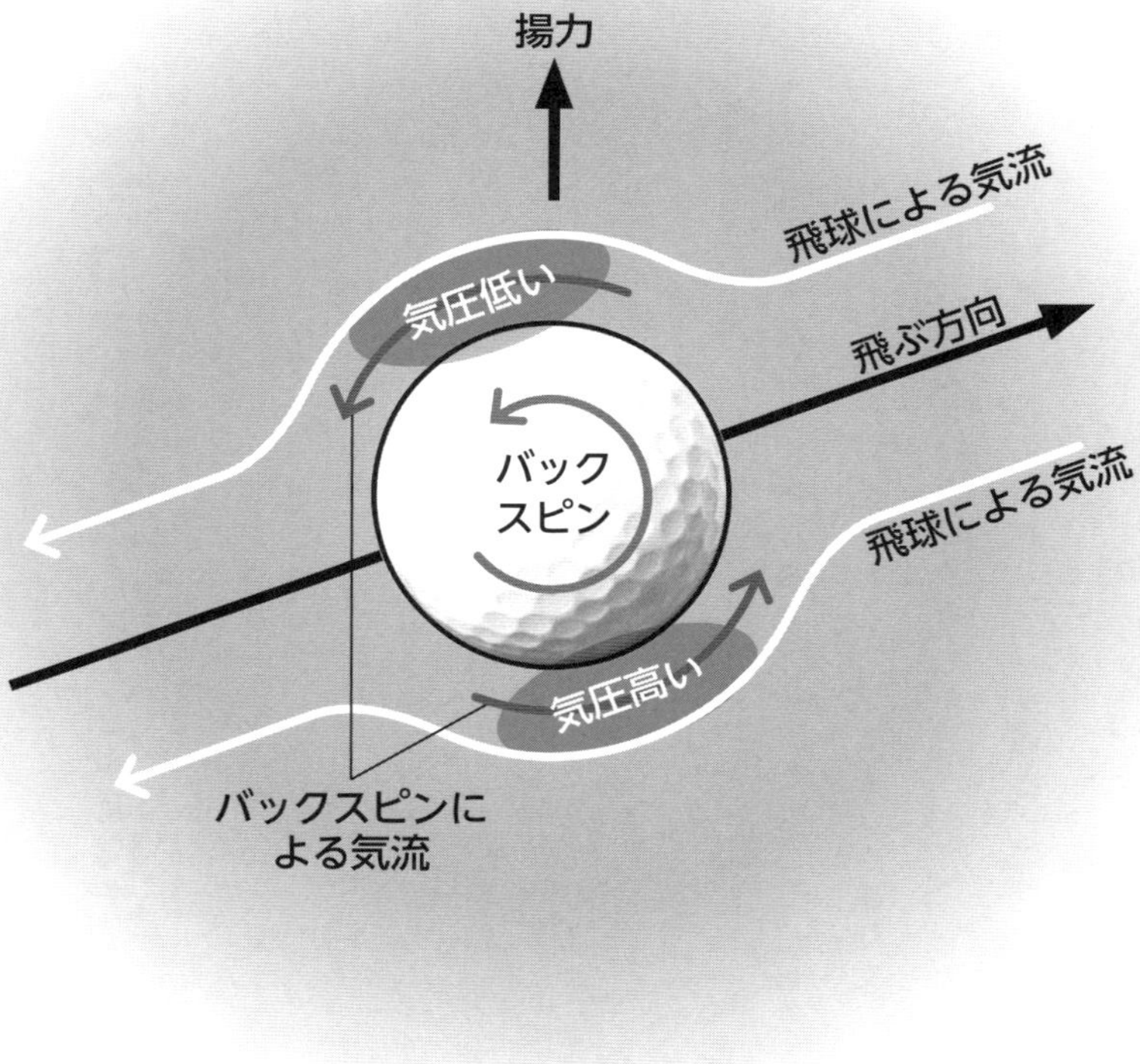

バックスピンによってボールの下部に発生する気流は、ボールの飛行によって生じる気流とケンカをする形になり気圧が上がる。一方、ボールの上部に発生する気流はスムーズで気圧が低くなる。このため飛行中のボールには押し上げられる力（揚力）が働く。アゲンストではボールの飛ぶ方向からの気流が強いため、ボールの下側に生じる気圧が、上側に生じる気圧よりも、より高くなって揚力が増しボールを押し上げる。バックスピンが多いほどこの傾向に拍車がかかる

講義10

自分に合っているスイングリズムを見つける

スイングリズムは「体型」や「筋力」、そして「クラブ」によってまったく違ったものになりますが、かつて日本のゴルフ界には「ゆっくり神話」がありました。みなさんも、「ゆったりスイングしているね」といわれると褒められているように感じ、「スイングが速いね」といわれれば注意されているように感じるのではないでしょうか。これは「ゆっくり」や「ゆったり」がいいスイングの代名詞だったからです。

これはクラブの影響が少なからずあります。かつてはドライバーもアイアンもスティールシャフトだったため、いまでは考えられないほど重量がありました。重いクラブで速くスイングすることは非常に難しかったのです。いまではドライバーで40グラム台のシャフトを使用する女子プロが多く、男子も60グラム台を使うなど格段に軽くなりました。

スイングリズムには体型や筋力も大きく影響を及ぼします。簡単にいうと、大柄な方は遅く、小柄な方は速くなりやすい傾向があります。たとえば、アーニー・エルス（190センチ）やビジェイ・シン（188センチ）はゆったり、倉本昌弘プロ（164センチ）、藤本佳則プロ（165センチ）はシャープなスイングが持ち味です。これは身長が高い方は慣性モーメントが大きく動きがゆっくりになりやすいことが原因です。フィギュアスケートのスピンターンで、両腕を広げたゆっくりの回転から、腕を胸の前にたたんで回転スピードを速くするのと同じ原理です。

しかし、最近は180センチを超える大きな選手でも強く速く動く体づくりをしています。そのため大柄であってもスイングリズムが速くなってきています。これがヘッドスピードと飛距離アップの背景のひとつとなっています。初心者の学生を指導するときには、学生の身長や筋力を考慮して「ゆったり」や「シャープ」といったアドバイスを行いますが、みなさんが自分に合ったスイングリズムを見つけるときには、連続素振りや、連続打ちなどのドリルが有効です。スイングの始動で思い切ってそのリズムでスタートできれば自分らしいリズムでスイングすることが可能です。

講義11

「心の声」に従ってみる

初心者、初級者への指導では、型は非常に重要です。しかし、中級者以上の場合、その基本に忠実であろうとする姿勢が上達を妨げる可能性があります。

それでは、どのようにすれば自分らしいスイングや、番手に応じたスイングが身につくのでしょうか。それは、トラックマンやスーパースロー動画がなくても、日々の練習でボールの飛び方や自分のフィーリングに意識を向けることで気づくことが可能になります。

具体的には、自身から湧いてくるイメージに忠実でいることが大切です。

プロゴルファーでも自分の体に対してインサイド・アウト軌道の場合、アドレスではターゲットに対して左を向いている場合が多いですし、カット軌道の場合は逆に右に向いている場合が多いのです。

しかし、基本に忠実であることを重視しすぎるゴルファーは自身の特性を理解せずに「スクエア」にこだわりすぎてしまいます。「スクエア」とは平均であり基本ではありますが、自身の「心の声」に従い、もし「ボールが右に行きそうに感じる」ということがあればグリップを若干フックグリップに修正したり、「左にまっすぐ行きそうな気がする」というイメージがあれば、アライメントを右に向ける必要があります。

気をつけなければいけないのは、ＯＢやハザードなどの恐怖心からくる「心の声」を素直に受け入れないこと。その場合、嫌なサイドは避けることができても大きなミスになります。またそのような習慣がゴルファーとしての成長を妨げる可能性があるからです。「心の声」が自身の本質的な動きの特性から来るイメージなのか、恐怖心からくるものなのかを判断して、取り入れるべきものは取り入れていくことが上達には重要です。

POINT まとめ

1 球筋を決める要素は２つ

▶「どこに打ち出されて、どう曲がるか」と「どの高さに打ち出されるか」

2 「打ち出し方向と曲がり方」の要因

▶フェースの向き、スイング軌道、打点の３つが影響する

3 「どの高さに打ち出されるか」の要因

▶ダイナミックロフトと入射角の２つが影響

4 アイアンの適正入射角は ヘッドスピードによって変化する

▶ヘッドスピードが速ければ鋭角に、遅ければ鈍角に入る

5 ドライバーで飛ばすためには アッパーブローが大切

▶最大飛距離を得るためには、女子プロのアッパー３度を目指そう

6 風によってバックスピンやスピン軸は 変化しない

▶風の中でのプレーは 80％の力でスイングすることが重要

7 自分に合ったスイングリズムを見つける

▶スイングリズムは「体格（身長）」「筋力」「クラブ」によって決まる

第4章

ミスの正確な認識が上達を早める

～スイングとミスの因果関係を科学する～

講義1 ミスショットの判断こそ正確に

ゴルフをはじめたばかりの学生に「いまのショットはフェースのどこに当たったか、わかる？」と質問すると、まったくといっていいほど正解できる者はいません。

インパクトはあまりにも一瞬のため、目で確認することはできません。昔は、ラウンド中であれば打ったあとのフェースについた芝の痕跡で打点を確認したものです。しかし、最近では打点を確認するためのシートが売られており、練習中に打点が確認できるようになりました。

Dプレーン理論を活かしてゴルフを上達させるには、ミスを正確に把握することがなによりも大切です。本来、トラックマンやハイスピードカメラがあると上達が早くなる理由は、自分のミスショットの原因について誤認が起こらないか

らです。

「なぜ、いまのショットになったのか」
「フェースのどこに当たったのか」
「どんなスイング軌道で当たったのか」
など、すべての疑問に100％答えが見つかるのです。

しかし、東大ゴルフ部員も日常的にこのような環境にいるわけではありません。日々の練習のほとんどは、普通の練習場で球を打つという一般的な練習です。

そのため、前述の打点のわかるシートを利用したり、軌道についてはスティックやクラブを置いてチェックしたりと、非常にアナログな方法で行っています。そして、それらの方法で得た情報を分析し、ミスの原因を正しく認識して修正するという作業を一緒に行います。

ここで代表的なミスショットを挙げ、それについての修正の方法を見てみましょう。
たとえば、アイアンショットですごい角度で右に飛んでいくシャンクショットに悩んでいる選手がいるとします。

シャンクには、ヒール側に当たって出るシャンクと、トゥ側に当たって出るものがありますが、仮に選手に、シャンクはヒールに当たって起こるものという思い込みがあると大変です。自分のミスの原因を正しく理解できていないことになるからです。

ゴルフ部員も一般アマチュアゴルファーのみなさんも、ゴルフを練習する最大の目的は上達にあります。しかし、ミスショットへの正しい判断ができなければ、次に行う修正はまったく的外れなものになってしまうのです。

アイアン　打点がトゥ側

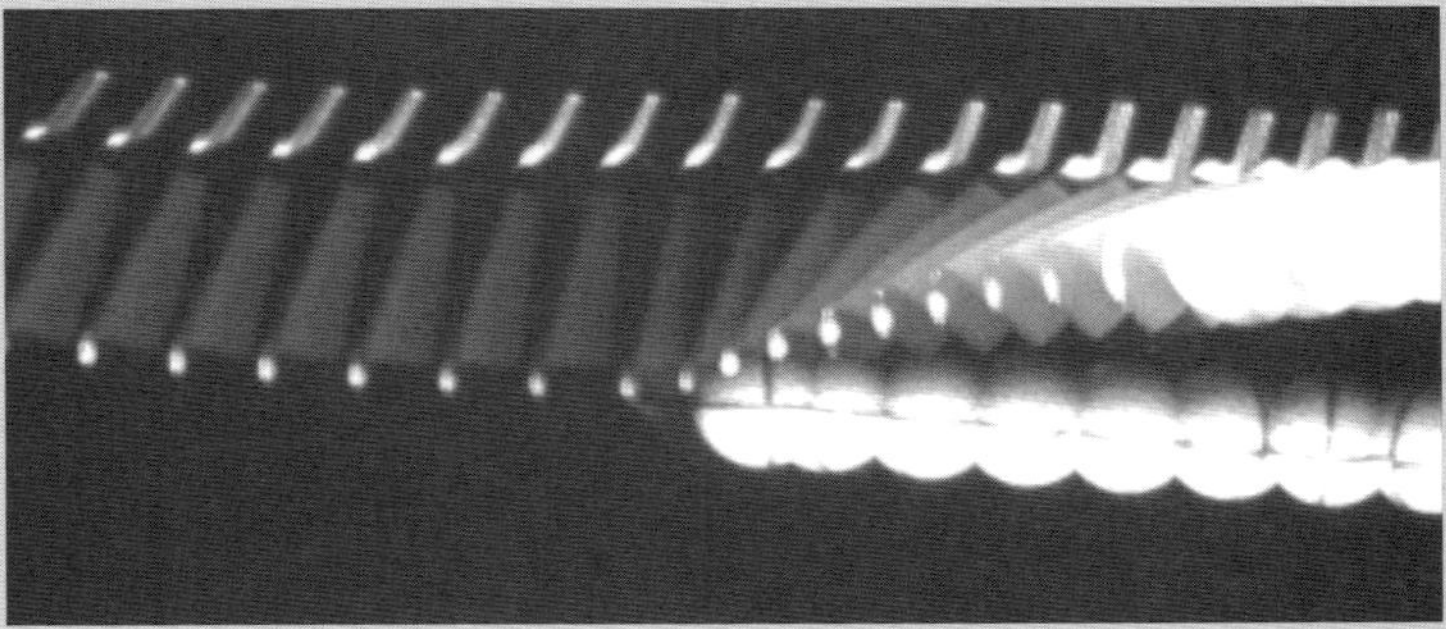

シャンクと思っても、実際にはフェースの先側に当たってボールが右に出ていることがある。正確に判断することが不可欠

アイアン　打点がヒール側

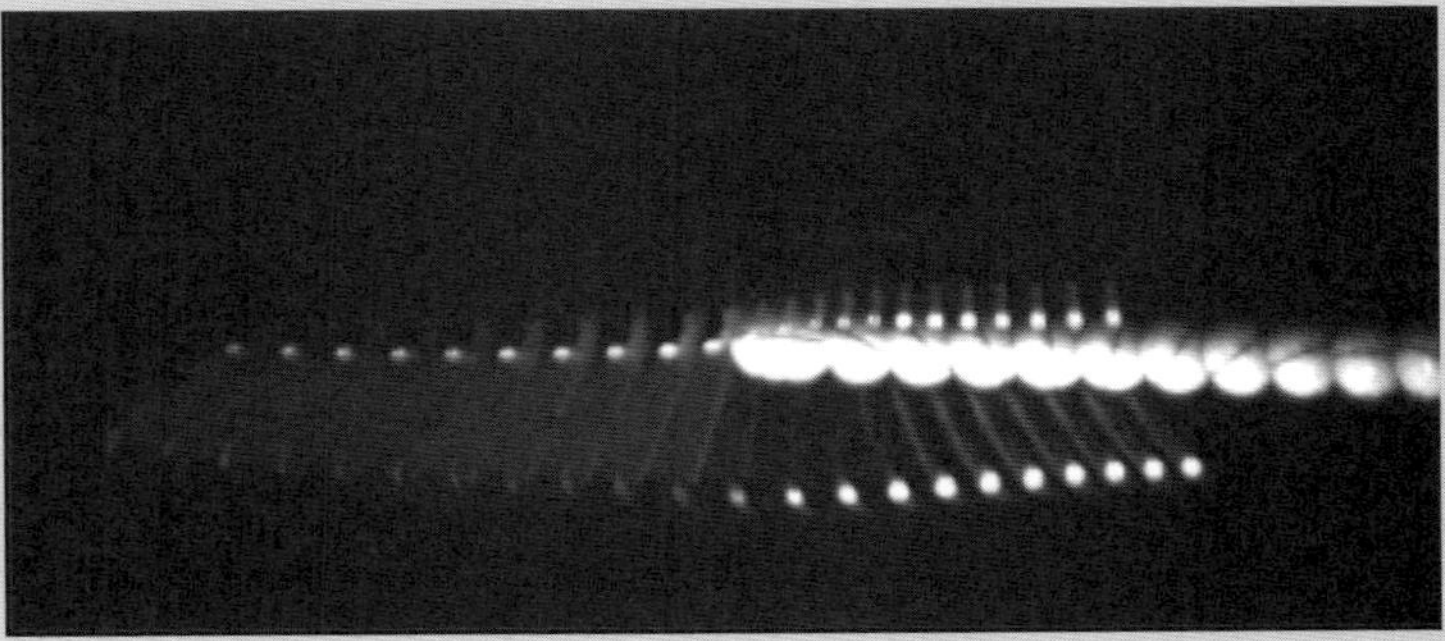

ネックにボールが当たったシャンク。インパクトの衝撃でクラブが急激に内旋している

講義2

スイング軌道は体の使い方を直せ

初心者の東大ゴルフ部員の最大の悩みはスライスです。これは一般のアマチュアゴルファーのみなさんも同じではないでしょうか。

スライスをDプレーン理論でいえばスイング軌道はカット。フェース向きはオープンということになります。それでは何から修正すれば、最も効率的にいいスイングが身につくかをお話ししましょう。

そもそもスイング軌道は、体の動かし方に最も影響を受けるものです。インパクト付近の小手先の動きでなんとかしている選手もいますが、効率的でかつ再現性が高く、美しいスイングをするためには、正しい体の動かし方を身につけるしかありません。

球筋を決定する要素は「フェース向き」「スイング軌道」「打点」であることは前述しましたが、スイング修正の際には直す順番が大事になります。私が部員を修正するときには、常に「スイング軌道」を最初に修正します。その理由は、それ以外の「フェース向き」や「打点」は、「スイング軌道」を修正することで常に影響を受けてしまうからです。

仮にカット軌道の部員に「インサイド・アウトのイメージでスイングして」といった場合、軌道が修正できることと連動して、フェース向きは右に向きやすく、打点はダフりやすくなるとともにヒールに当たりやすくなります。ですから、スイング軌道に問題がある部員には、まず正しい体の動かし方を身につけさせ、スイング軌道を安定させるべきだと指導しています。

私が初心者の指導で「型」にこだわる理由もここにあるのです。正しい「型」と「動き」は安定した「スイング軌道」を形成し、その後の上達スピードを飛躍的に上げることに役立ちます。

もともと左利きのせいもあって、アドレスで右腰が高くなっています。この構えだとダウンスイング以降、体が開きやすくカット軌道になりやすい。インパクトではハンドファーストでとらえられていません

講義3 起こりやすいスイングパターン 右の骨盤が高い構えだとカット軌道になりやすい

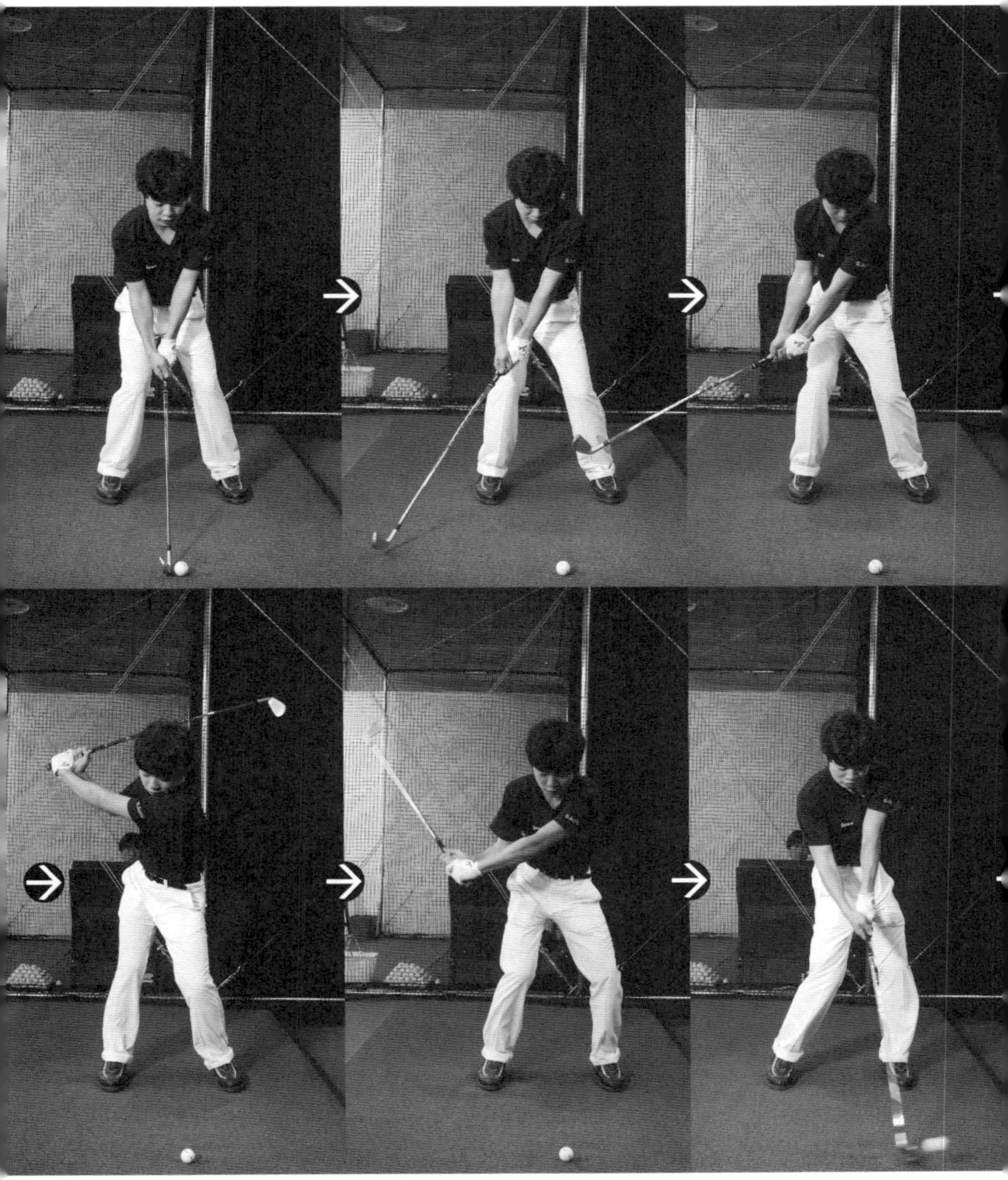

カット軌道の選手によくある、バックスイングでインサイドに上げるクセがあります。そのため、アマチュアゴルファーによく見られるインサイドバックからアウトサイドダウンの反時計回りのモーション（P179 参照）になっています

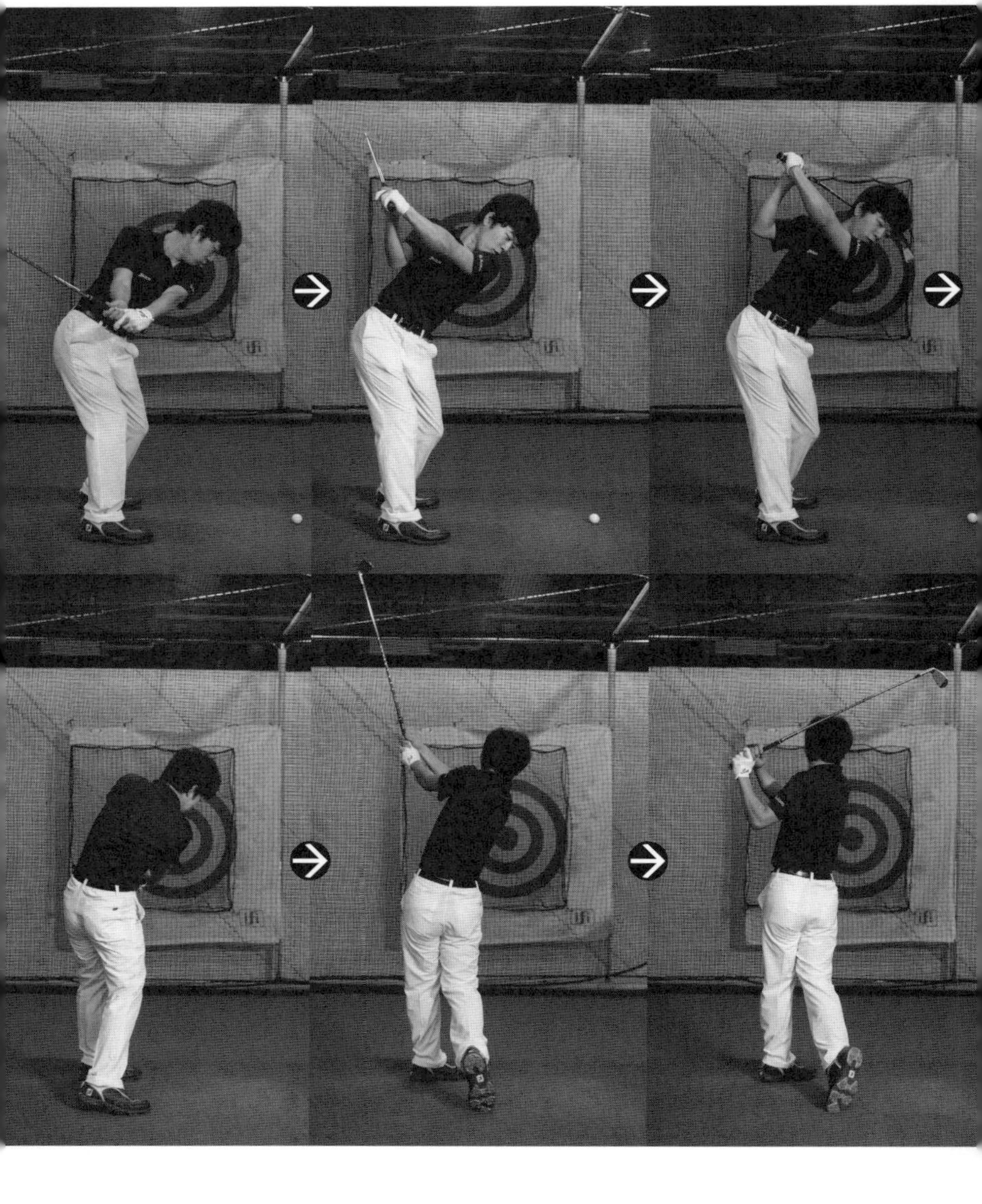

ダウンスイングでカット軌道になり
フェースが開く

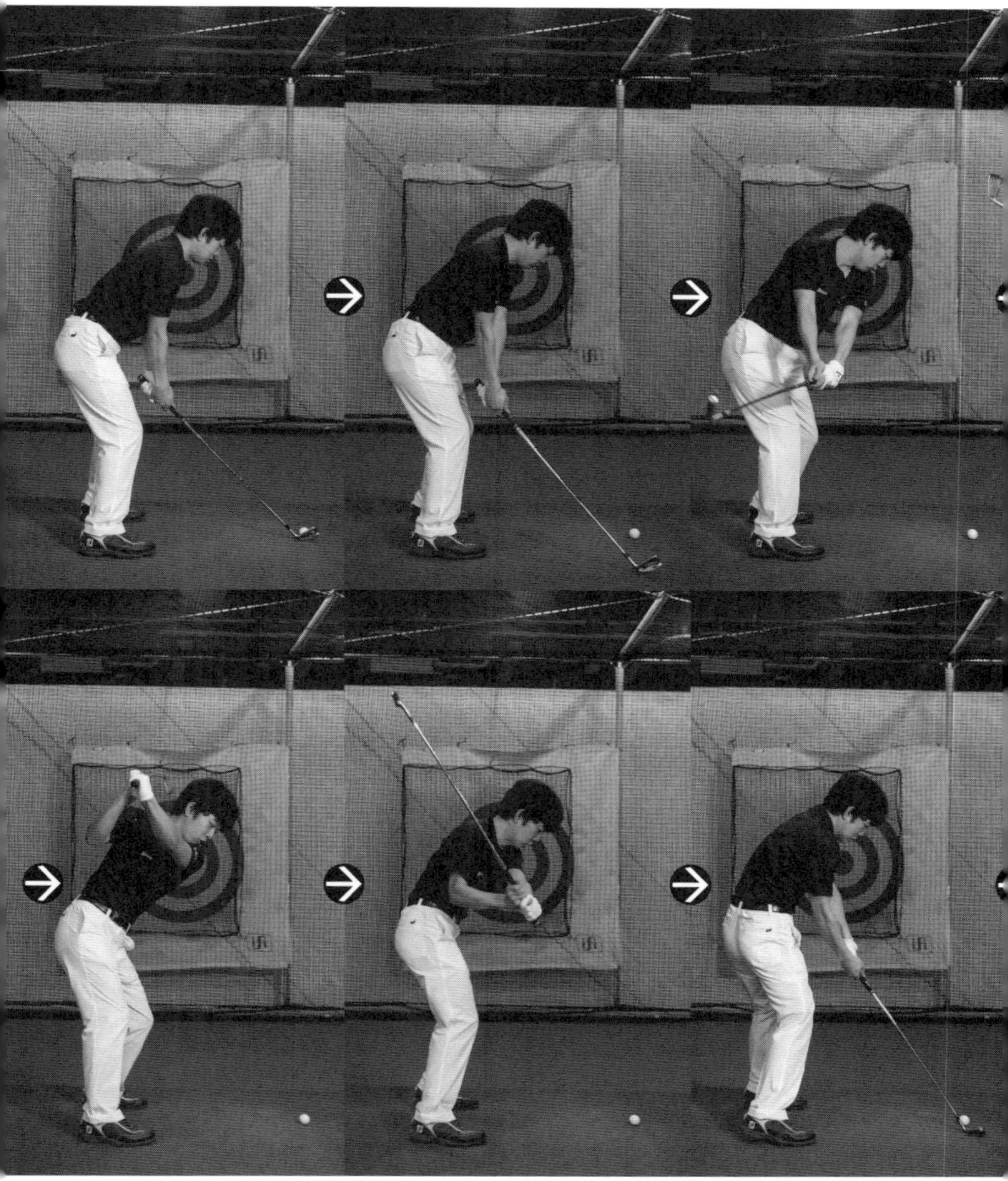

正面（ヘッドのトゥ側）から見たインパクト前後

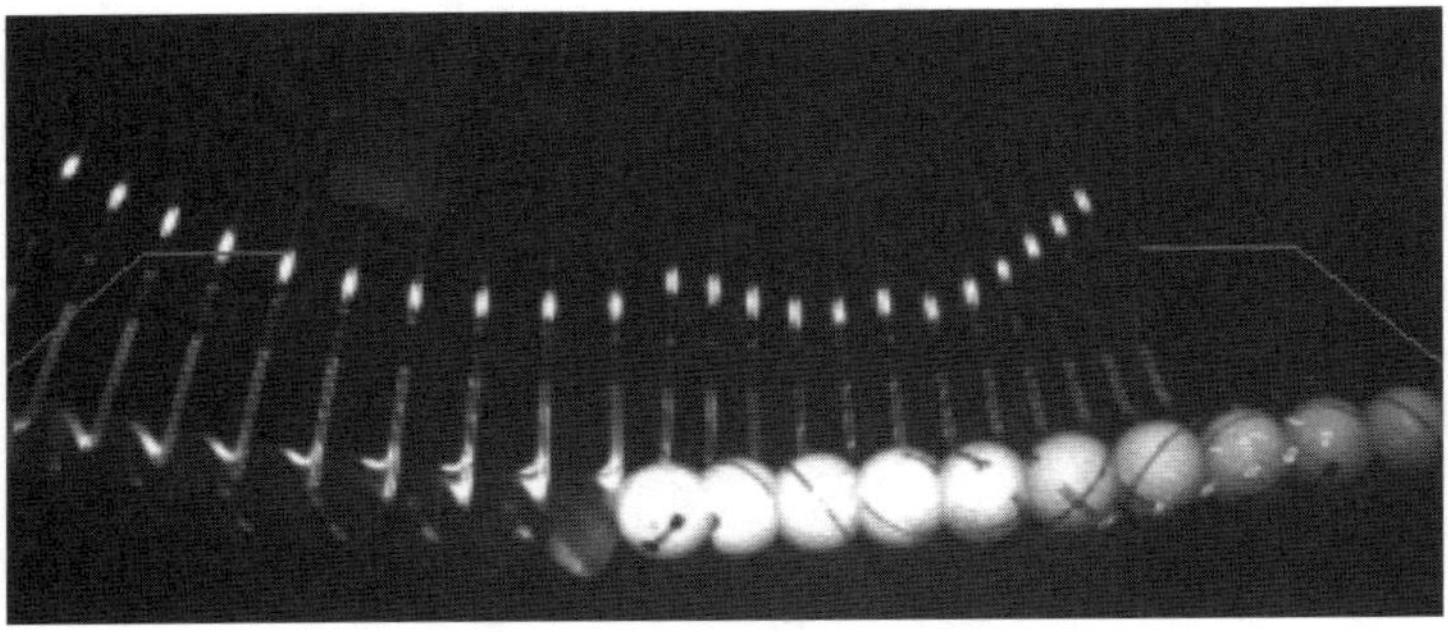

ヒールでトップしたためボールが上がらない

上から見たインパクト前後

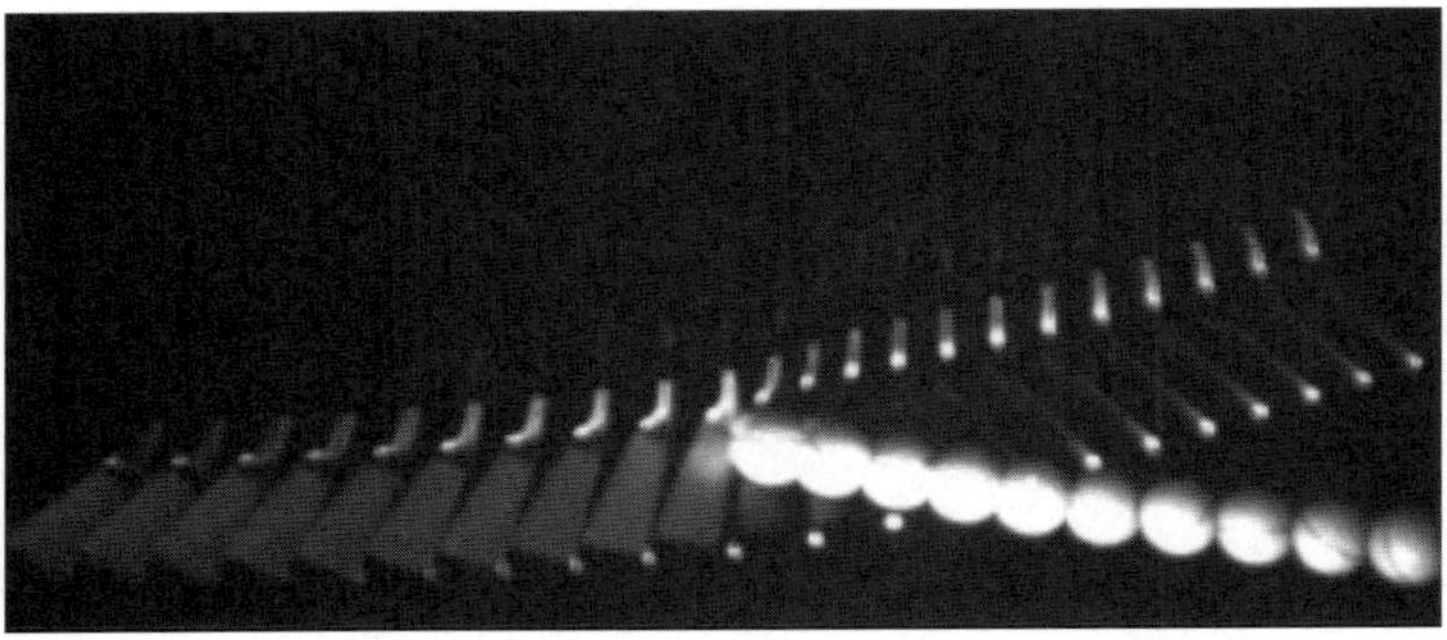

アウトサイドからフェースが開いて入り、ネック側に当たった衝撃でヘッドが内旋している

右骨盤が高い構えなので右肩が突っ込みやすい

入部とともにゴルフを始めた2年生のスイングで、左利きを右打ちに変えています。初心者ゴルファーの典型的なスイングです。ハイスピードカメラでのクラブの動きを見てもわかるように、スイング軌道はカット。フェース向きはオープン。打点はヒールになっています。カット軌道も相当強いですが、それ以上にフェースが開いているため、ボールは右に打ち出て、右に曲がって行きます。

これは典型的な右肩突っ込みタイプのカットスイングです。彼の場合、まずスイング軌道を直す必要がありますが、そのためにアドレスを見直す必要があります。アドレスで右骨盤が高くなっているため、グリップの位置も右内太モモ前になっています。これによってグリップも適正よりはウィークグリップになっています。アドレスとグリップなど構えを修正することから始めるべきスイングです。

アイアンにもかかわらず、ドライバーショットのようなスイングをしています。
リリースが早いために、ハンドファーストでとらえられていません

アイアンをドライバーのように
スイングしている

一見いいスイングに見えますが、インパクトで動きが詰まっています。これはダウンスイングでリリースが早いことが原因です。インパクトからフォローにかけては腕を振り抜くスペースがないため、さらに窮屈な動きになっています

インパクトで手元が浮き上がるため
フェースのトゥ側に当たりやすい

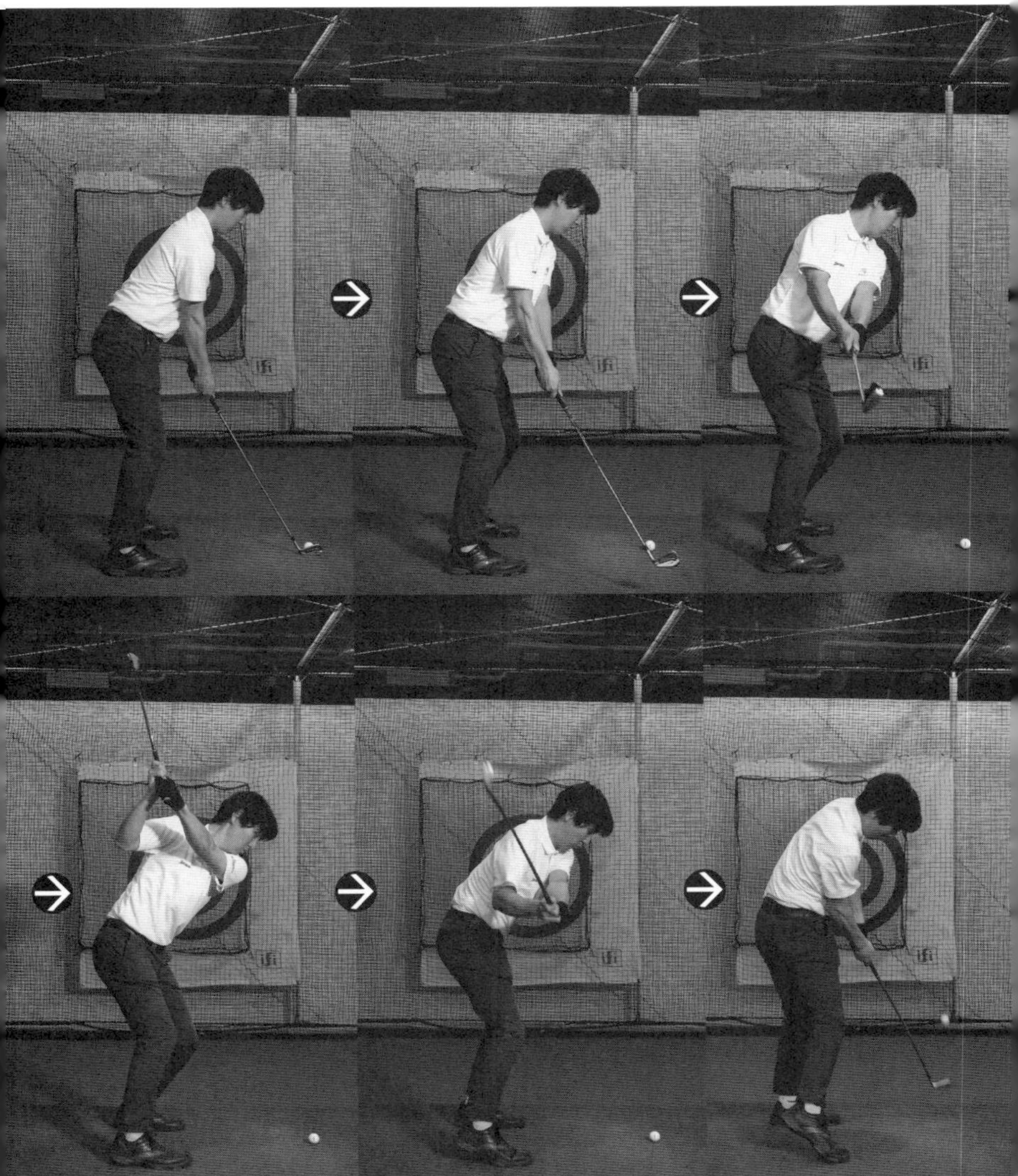

正面(ヘッドのトゥ側)から見たインパクト前後

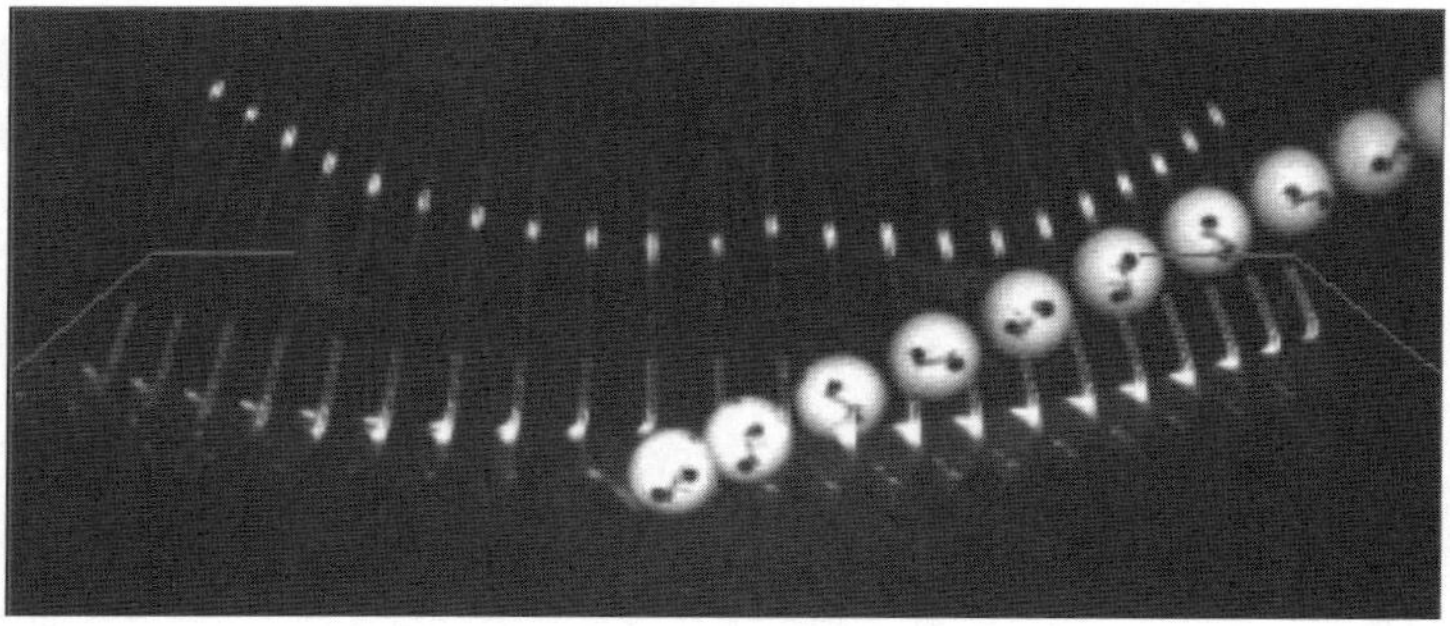

非力な女性が打っているような払い打ちのインパクト

上から見たインパクト前後

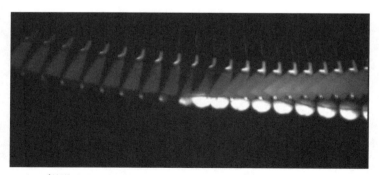

スイング軌道はインサイドストレートでかなりいいが、打点がフェースの先端だったことが右に打ち出た原因

ドライバー傾向のスイングになっているところが問題

小学生のときにちょっとボールを打った経験があるものの、本格的にゴルフを始めたのは大学からという2年生のスイングですが、体の使い方はおおよそいいと思います。ただし、ダウンスイング以降のクラブのリリースが早く、ハンドファーストにボールをとらえることができていません。実際、ヘッドスピードは速いのですが、思ったより飛距離が出せていません。

まずは、どの番手でもフルスイングするのではなく、番手や状況に応じてボール位置やスイングを変化させることを覚える必要があります。

ショートアイアンをハンドファーストでインパクトできる技術を習得すれば一気にスコアアップすることが可能です。打点に関しては、ここまでトゥ側に当たるとさすがに飛距離は出ませんし、大きなミスにつながるため今後の課題です。ボールと体との距離感などを調整して芯でとらえる練習を行う必要があります。

正面からのスイングはゴルフ歴１年にしてはかなりしっかりしています。体をコマのように回転させるスインガータイプです

いい当たりのボールが左に飛びやすい

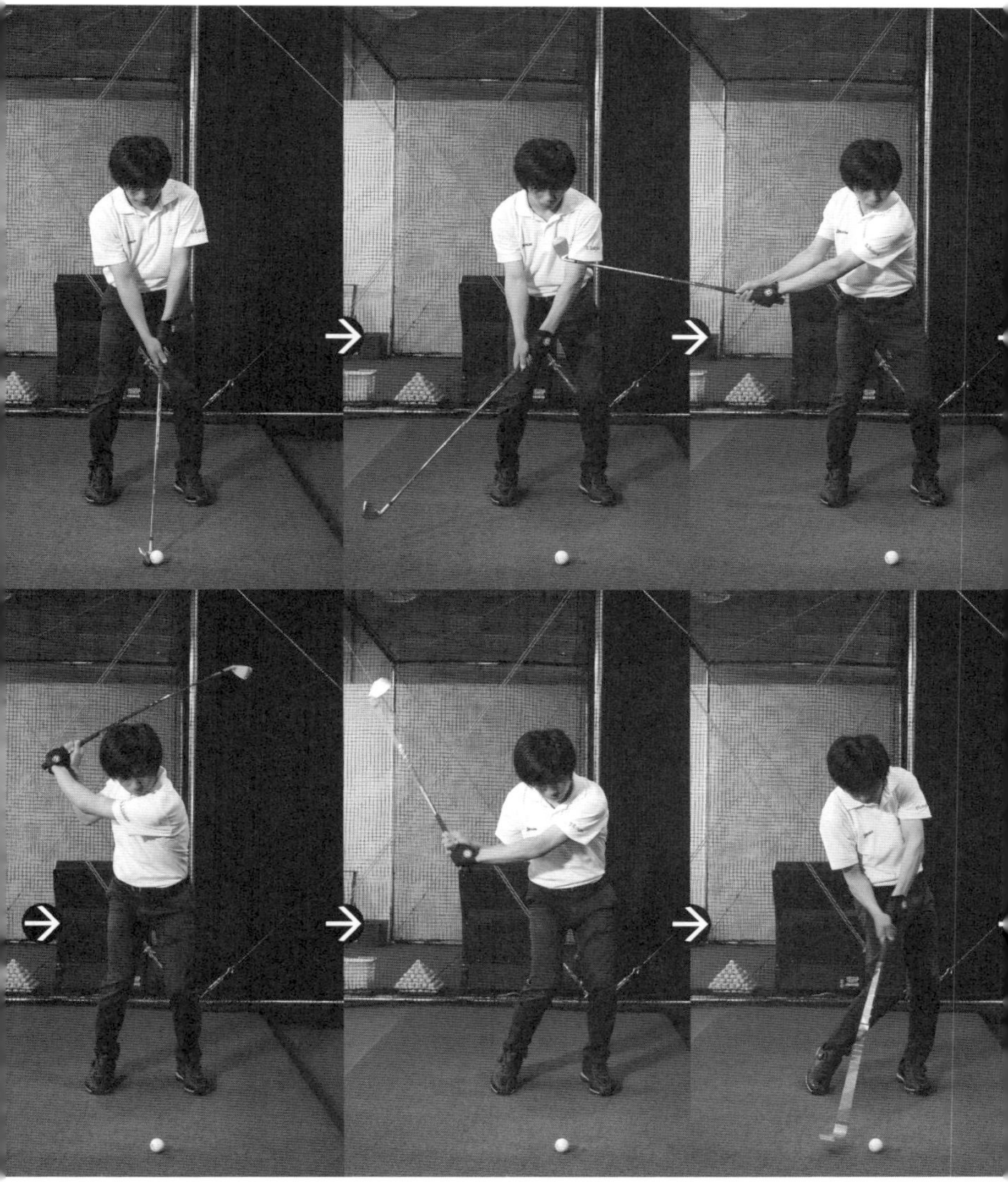

バックスイングには問題ありませんが、ダウンスイング以降、体の開きが早いのでカット軌道になっています

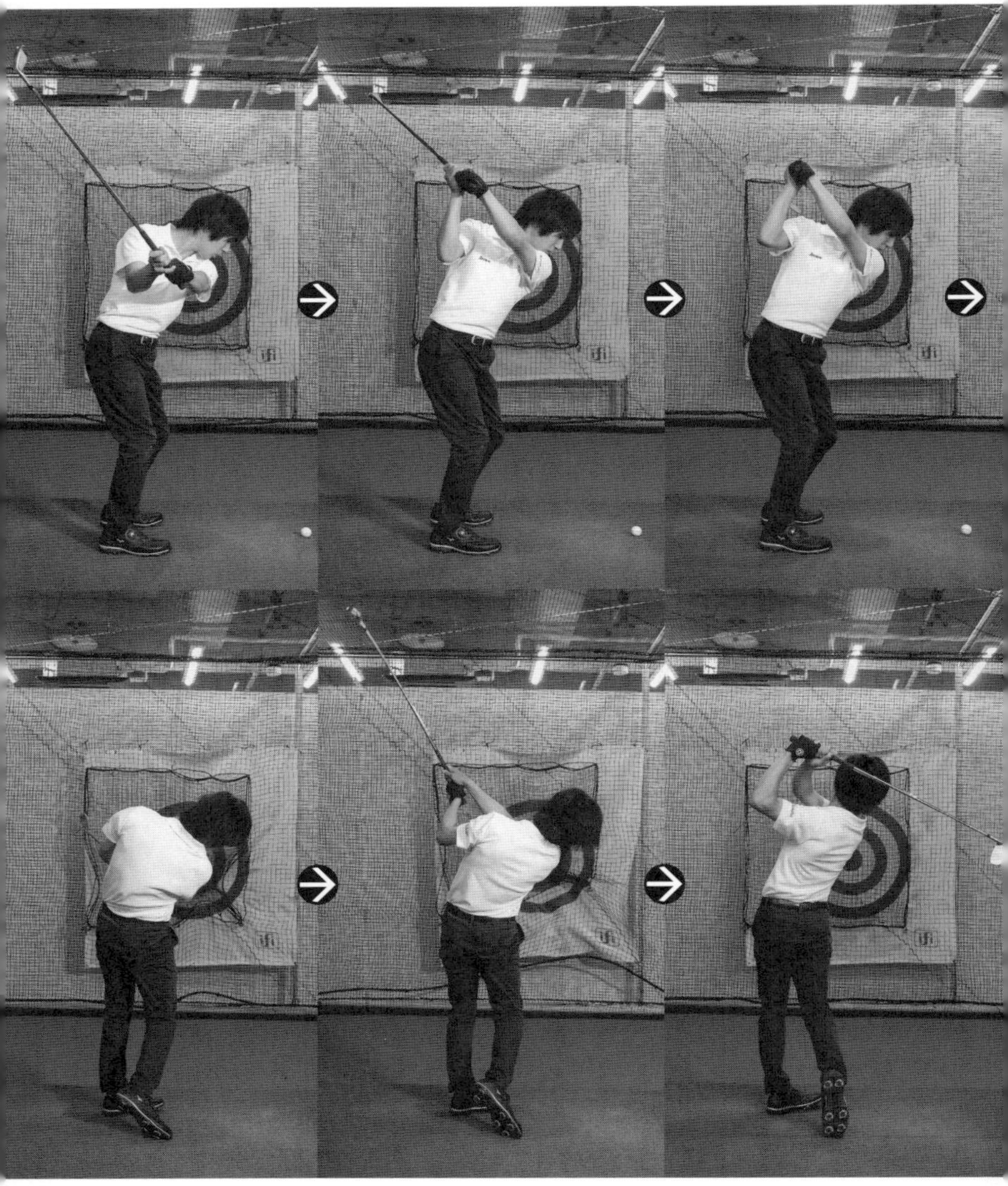

力んだときにフェースを閉じやすい

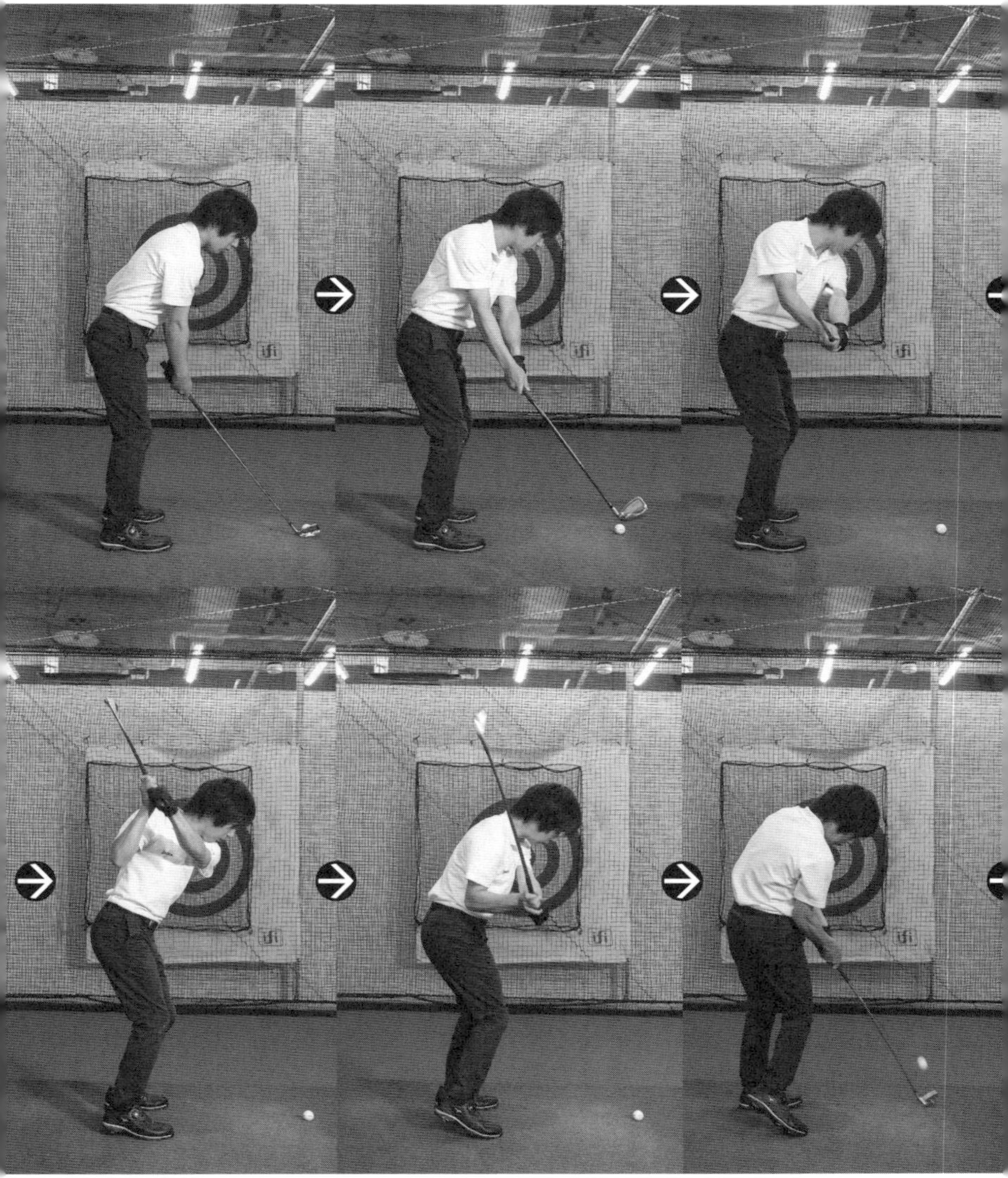

正面（ヘッドのトゥ側）から見たインパクト前後

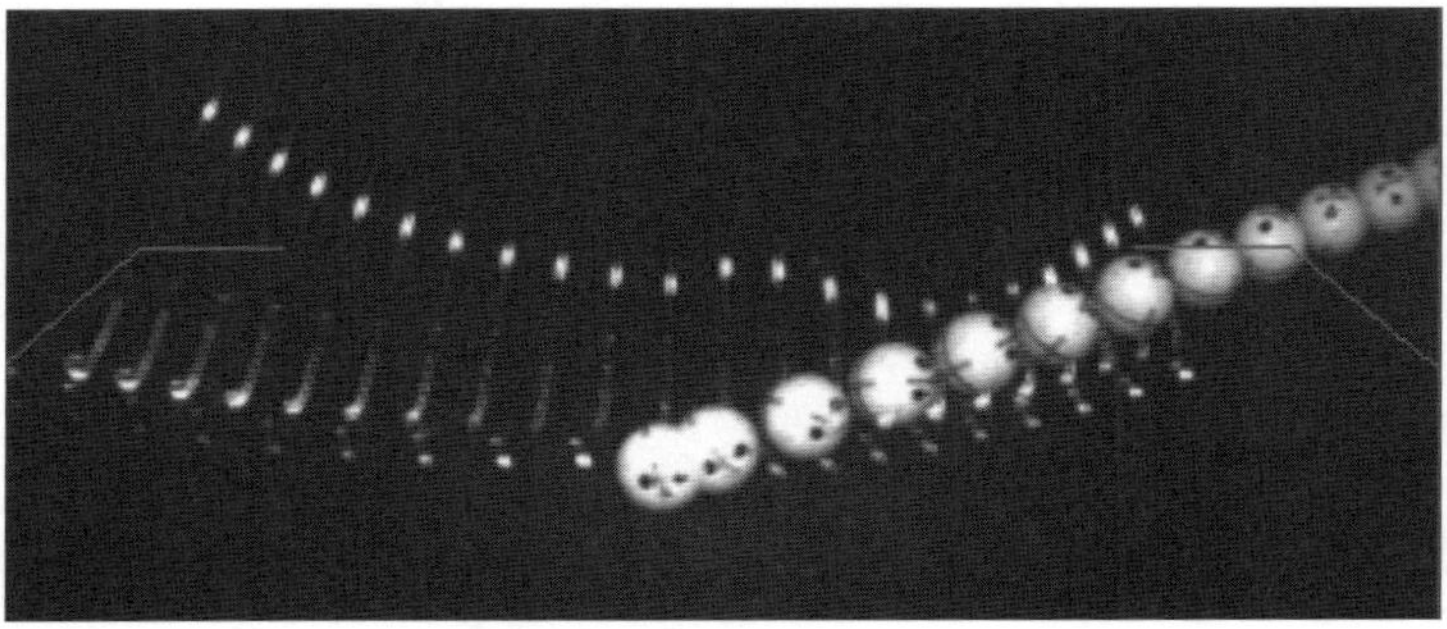

入射角は適正だがフェースが閉じてインパクトしているので、スピン軸が左に傾いている

上から見たインパクト前後

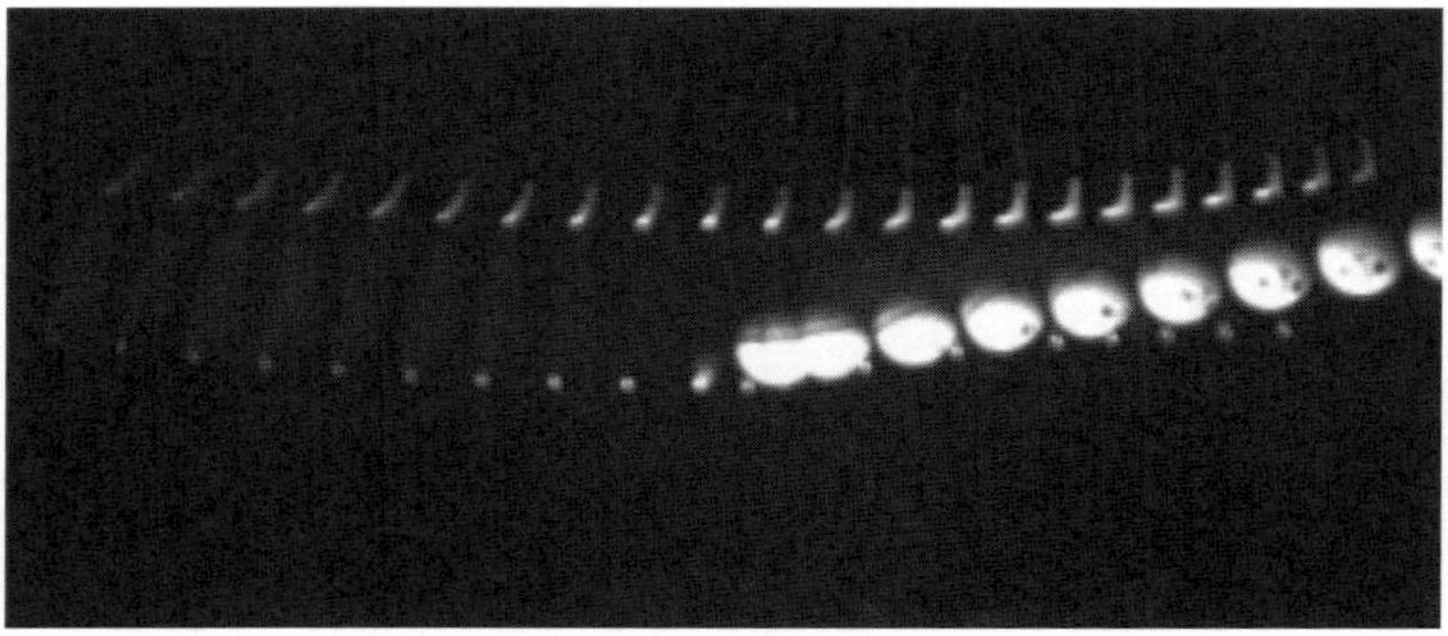

軌道は若干のカット軌道だが適正の範囲。インパクトでフェースが閉じて当たることが問題

飛ばしたい気持ちがクローズフェースを作る

ゴルフを始めて1年ちょっとの2年生のスイングです。ヘッドのトゥ側からフェースが閉じてインパクトするため、ボールが左に打ち出てスピン軸も大きく左に傾いています。左から左に曲がっていくためOBなどの大ケガになりやすいといえますが、スイング軌道はいいのでフェースクローズと打点を修正すればすぐにコントロールできるでしょう。

フェースがかぶるおもな原因は、体の開きや力みが考えられるので、アイアンで飛距離を求めずに「リラックスして打つ」「右に行ってもいいと考える」といったイメージでの修正が効果的と思われます。また「フェースを開いて構える」「グリップをウィークに握る」など準備で修正できる可能性もあります。

彼のようにスイングの改善を図っている途上では、いろいろなことを試しながら最も効果的な方法を模索する必要があります。

ゴルフ歴1年とは思えないほどダイナミックなスイングです。少し左右の重心移動が大きいことが気になりますが、十分にいいスイングです

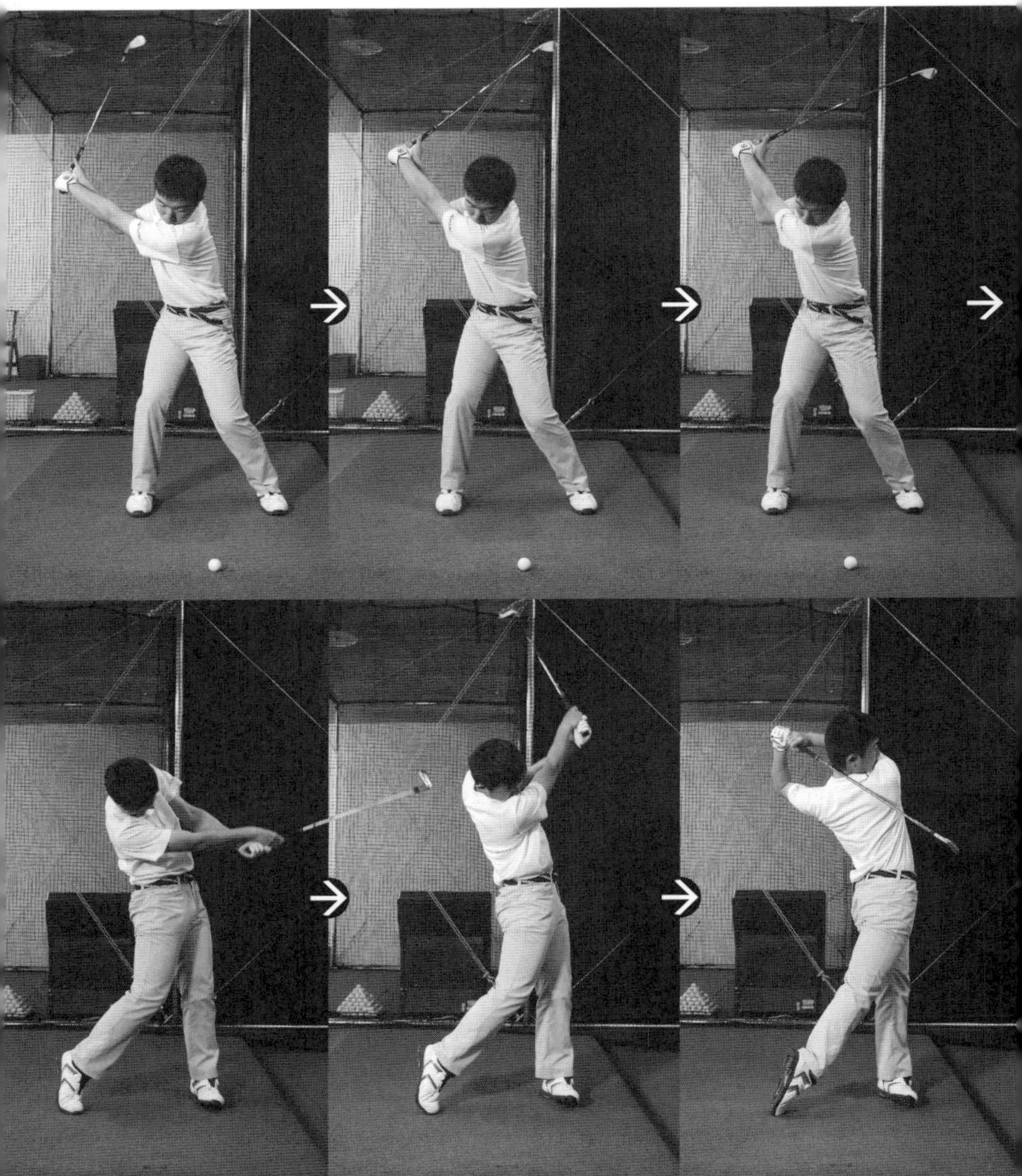

フェースを開かずにインパクトしたい

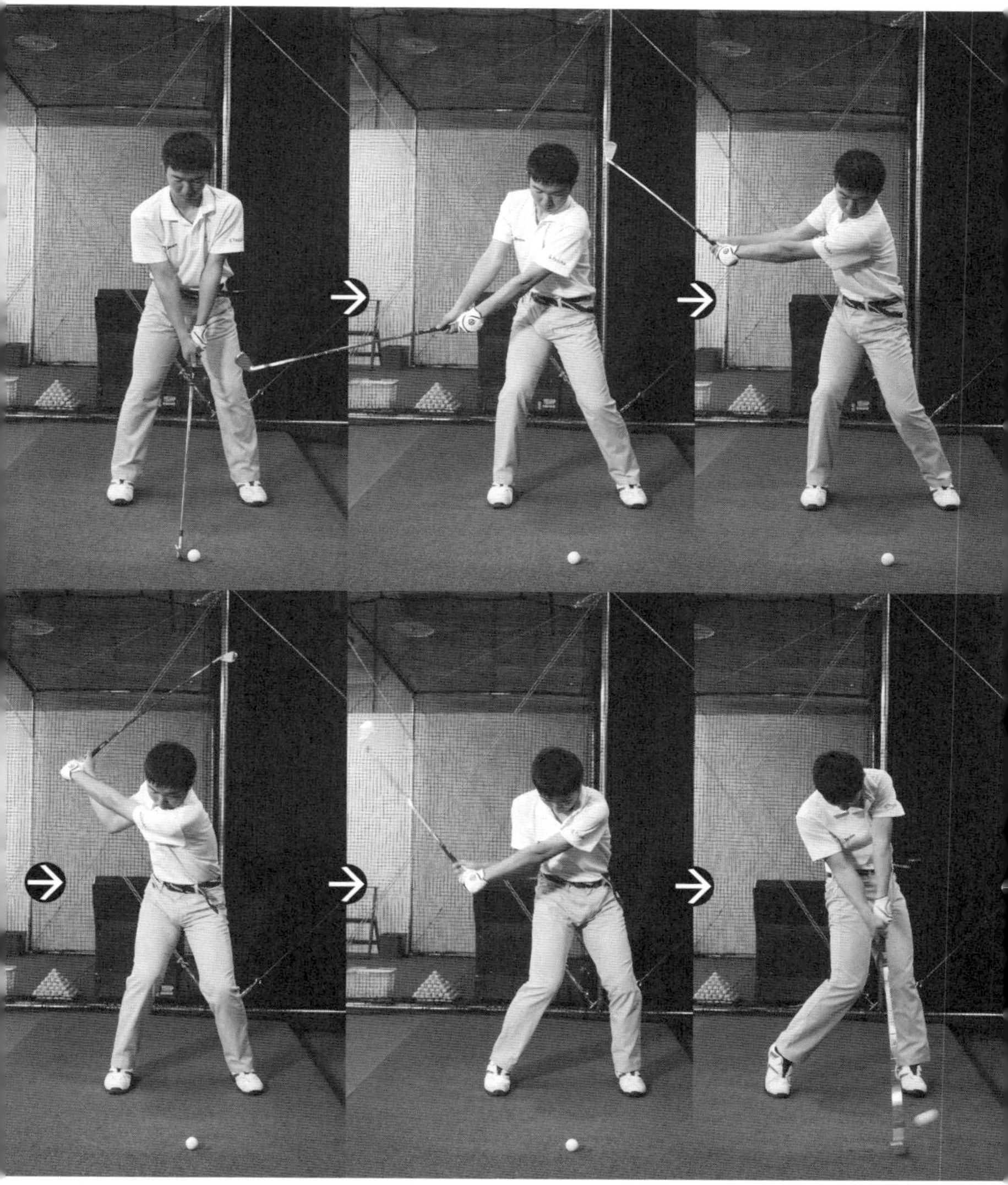

テークバックのスタートからフェース面を開かないでトップまで上げています。その結果、トップで左手がヒンジ（掌屈）して、そのままインパクトまで振り抜くスイングになっています

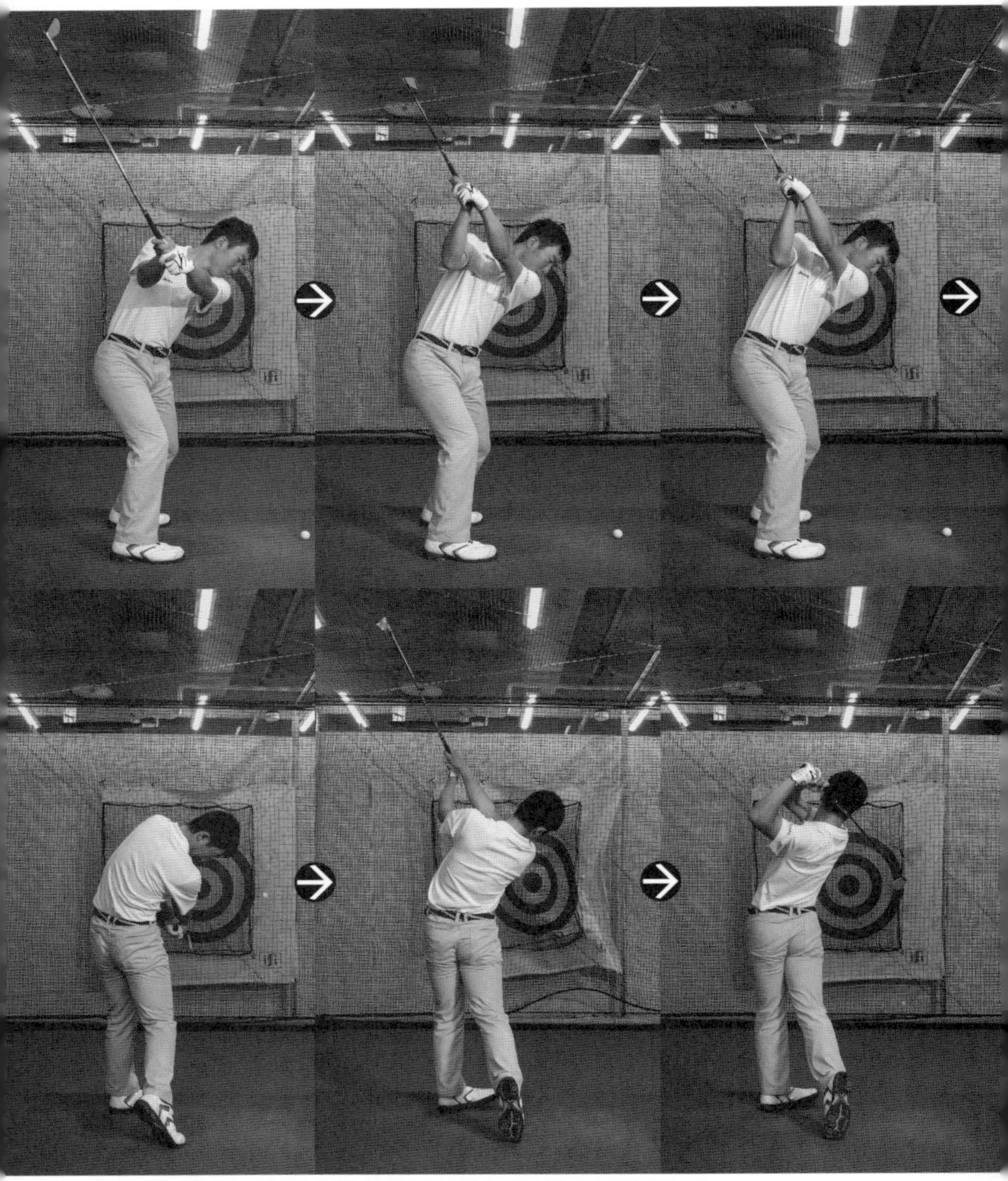

※ヒンジ（掌屈）＝手のひら側に手首を折る動き（P165 に関連事項あり）

左手のヒンジ（掌屈《しょうくつ》）を解かずに インパクトへ

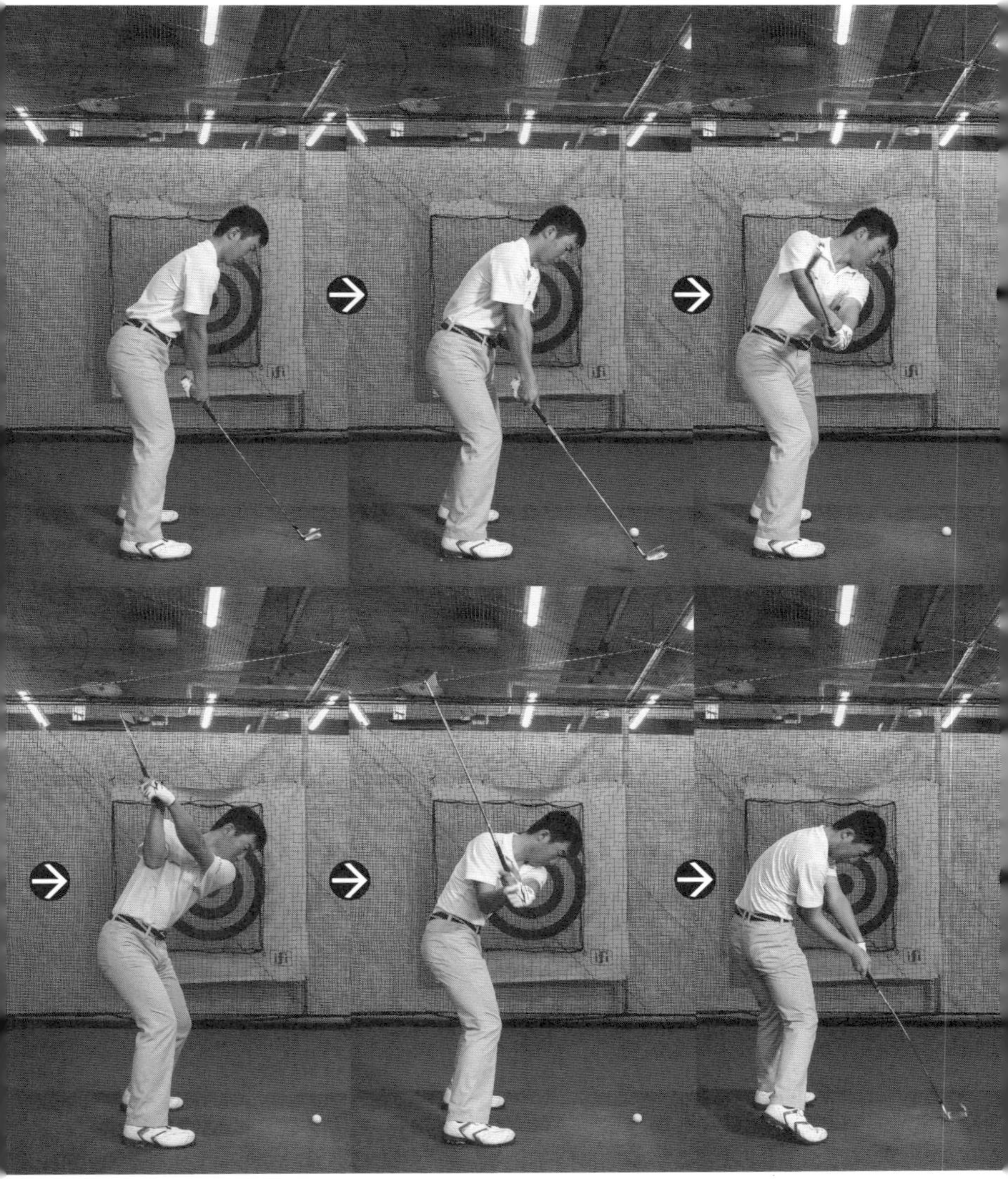

正面（ヘッドのトゥ側）から見たインパクト前後

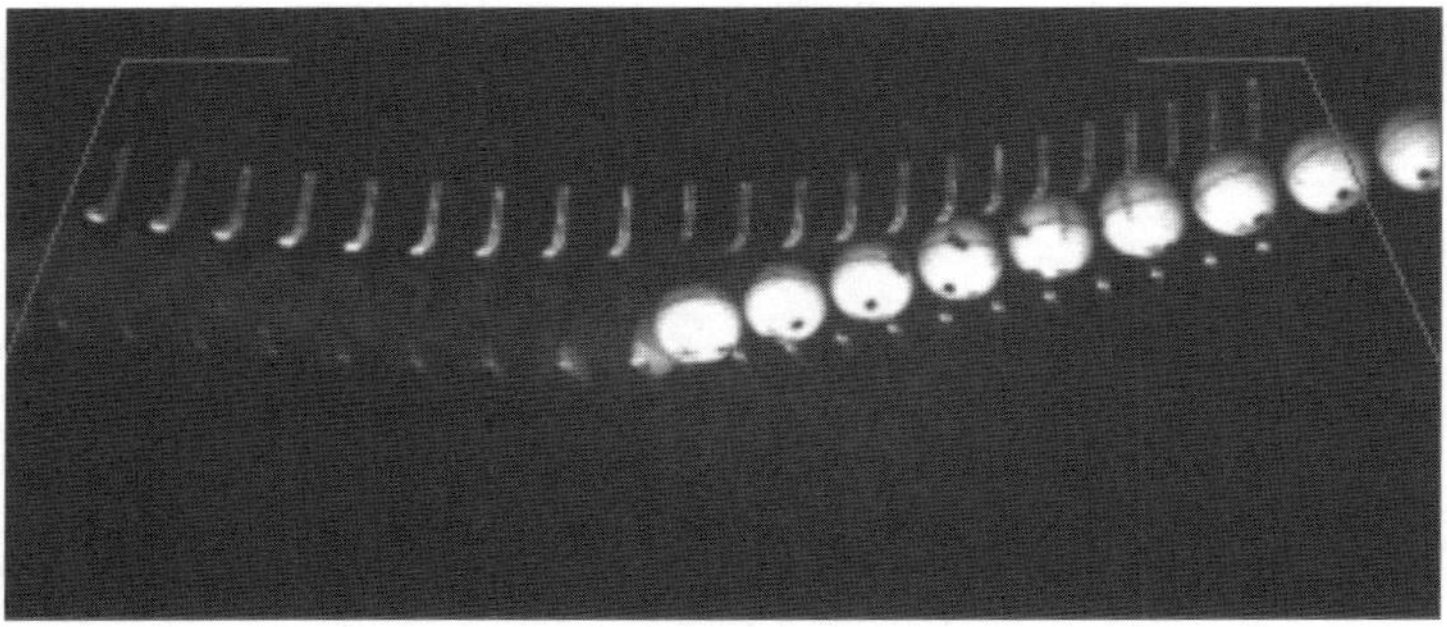

フェースが開いて当たっているため、スピン軸が右に傾いている

上から見たインパクト前後

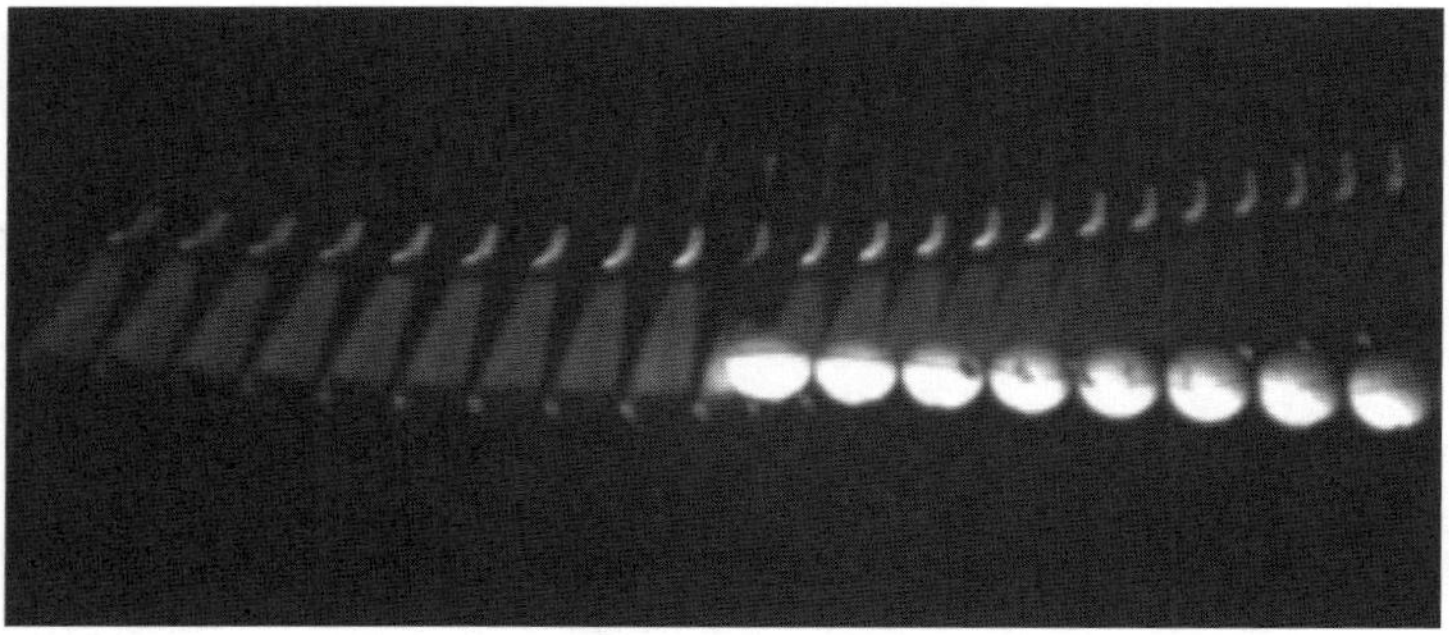

スイング軌道は適正だがフェース面がオープン、打点がトゥ側に当たっているため、ボールは右から右へ飛んでいる

スライス克服のためにヒンジ（掌屈）を習得

部に入ってから本格的にゴルフを始めたキャリア1年の2年生のスイング。ダイナミックで躍動感があるところが評価できます。

一般的に左手のヒンジ（掌屈）はボールをつかまえる動きなので、ドローボールが持ち球の選手が多くなります。

しかし、彼の場合はフェード系のボールが持ち球です。それはゴルフを始めた当初、フェース向きがオープンでスライスに悩まされた結果、ヒンジの動きを習得することで、フェース向きをある程度スクエア近くに修正したためでしょう。

これからさらにハンドファーストでフェース面をスクエアにインパクトする技術を覚えれば、質の高いアイアンショットが打てるようになります。

講義4 ミスを安定させることが大切

練習量の極端に少ないアマチュアゴルファーが、「打球」や「打点」がバラつく（いろいろなミスが出る）場合は、練習不足であることが多いと考えられます。そのため、部員が「安定しないんです」といってきたら、間違いなく、「ミスでもいいから傾向を持ったミスになるまで練習しなさい」といいます。

スイングの修正はなんらかの傾向を補正することを目的としています。したがって、傾向を持たないバラつきは修正できないのです。

東大ゴルフ部の学生でも、早くうまくならない選手にはミスを気にしすぎる傾向があります。1球打つたびに分析してミスの原因を考えるようなタイプは傾向をとらえられないので、練習テーマが決まらないといったことが起こります。

日々の練習では、どのクラブでも少なくとも10球程度打った中でミスの傾向を考えることが、問題点を正確に把握するためには大切です。

初級者の場合、ボールに当たらないことから始まることがよくあると思います。しかし、先ほども述べたように、当たらないという傾向では修正ポイントを絞れません。

同じ当たらないにしても、ボールの手前をダフる傾向とか、シャンクが出やすい傾向など、「どのように当たらないのか」を分析して、とりあえずフェースにボールが当たる状態にもっていくことが第1段階。そしてボールに当たるようになったあと、そのボールがどこにどのように飛んでいくかという傾向を分析し、修正するという2段階で考える必要があります。

いずれにせよ、スイングの問題点を修正している最中は、どんな選手でもバラつきが発生します。そのため修正した事項が身につくまで練習することが大切です。

講義5

考えすぎは万病の元

ボールのバラつきは、練習量の少ないアマチュアだけに起こっているわけではありません。プロゴルファーや上級者でもバラつきは相当あります。しかしながら、彼らのバラつきは初心者のそれとはまったく違います。

練習量が多い分、日々の練習の中でスイング中にチェックポイントが増えてしまった結果、それがバラつきの起こる要因となっているのです。プロによっては、「俺はスイング中に10個考えている」という選手もいるほどです。

人間をパソコンにたとえるとわかりやすいと思いますが、データが増えるとパソコンの動きが重くなるようなものです。別のたとえをするなら、スイング中のチェックポイントを荷物にたとえてもいいと思います。どんな屈強な人間でも、荷物の量が多くなれば、さすがにスムーズに動くことは難しくなるでしょう。

私がプロゴルファーのコーチングを行う場合、まず選手がどのような性格で、「スイング中に何を考えているのか」に着目します。特に悩んで私のところにくる選手は、多くの荷物を背負っている場合がほとんどです。そこで、どの荷物が必要で、どの荷物が不必要かを選別し荷物を減らすことが、結果的にパフォーマンスを向上させ、バラつきを減らすことになります。

そもそもゴルフIQの高い選手とは、スイングの問題を傾向としてとらえ、最も効果的で自身に取り入れやすいテーマであるかということを考える力がある選手を指します。多くのチェックポイントを抱えるのではなく、「最も効果的で意味のあること」だけを取捨選択できる能力こそが、不調知らずの選手になる方法といっていいでしょう。

POINT

まとめ

1 ミスを正しく認識することが重要

▶「スイング軌道」「打点」「フェース向き」などミスの原因を正しく知る

2 スイング軌道は体の使い方が影響する

▶スイング軌道に問題がある場合、基礎の「型」から練習することが重要

3 ミスの安定が上達のカギ

▶初心者のミスに傾向がないのは練習不足。ミスの傾向がわかるまで打つ必要がある

4 考えすぎは万病の元

▶あまりにもチェックするポイントが多くなると、どんな選手でもうまくいかない

第5章

プロは100％ハンドファーストインパクト

～スイングにおける「個性」を科学する～

講義1 調整力を身につける

プロゴルファーにとって非常に大切なスキルは「調整力」です。「調整力」とは、その言葉通り日々変わるゴルフの調子を整える力のことです。

アマチュアゴルファーの方から見ると、プロゴルファーはいつもうまいように感じるかもしれません。しかし、トッププロであっても調子がいいと感じることは、実はそんなに多くはありません。

プロゴルファーが毎日のように練習する目的は大きくわけると、「スイング改造」「スイング調整」になります。「スイング改造」は、根本的に大きな問題があるときに行います。それまでに身につけたスイングを変えるわけですからリスクも伴います。それに対して「スイング調整」は、日々の変化を調整しながらコントロールしていくことです。「スイング改造」に比べると、ほとんどリスクはないといえますが、大きな見た目の変化も起こりません。

すでに完璧なショットを打てるプロゴルファーでも、「スイング調整」は常に行っており、この「調整力」こそが、年間を通じて高いパフォーマンスを発揮するための最大の武器ともいえるのです。

それではプロたちがどのように調整しているのかというと、基本的な考え方は適正弾道を中心に偏りのない状態を作っているだけです。適正弾道とは、高すぎず、低すぎず、ドローすぎず、フェードすぎない弾道です。一見、安定しているように見えるプロゴルファーの技術は、不安定な波の上で、あたかも波がないようにバランスを取っているようなものなのです。

東大ゴルフ部員の最終的な目標は、正しいスイングとゴルフ学力を身につけたうえで、「調整力」を身につけることにあります。

講義2

体を思い通りに動かすために多種多様なものを振る

東大ゴルフ部員の多くは初心者で、スポーツ経験さえない者もいます。

そのような学生達を指導するうえで難しいのは、自分の体をコントロールする力を備えていないこと。スイングの問題点はしっかり理解できているにもかかわらず、正しい動きに修正することができない場合があります。スポーツ経験のないアマチュアゴルファーの方も同じような経験があるのではないでしょうか。

ゴルフ上達のスピードは、スポーツ経験の有無に間違いなく関係しています。歴代東大ゴルフ部レギュラーの多くは、スポーツ経験者です。主に野球やテニス、卓球といった道具を使ってボールを打つスポーツを行っていた学生が多いことも特徴です。

スポーツ経験があることで、道具を振る筋力や動きのコツをすでに習得していることが、早く上達できる大きな理由ですが、それ以上に、動きの修正力が備わっていることも重要な要素です。

スイングという動作を学ぶうえで、初心者はプロゴルファーのような上級者の「型」や「動き」を「モノマネ」します。これはダンスや踊りを覚えるような作業で、目で見た情報を、体を使って「モノマネ」をしているのです。

ある程度のスイングが身についたら、実際に球を打ちながら弾道を見て、スイングを修正したり調整を加えていく必要があります。とはいっても、多くの学生は修正したくても体を思い通りに動かす能力を持っていないので思い通りの変化が起こりません。

東大ゴルフ部員を指導するにあたり、こういった問題が起こることはわかっていました。そのため、1、2年生のときは、昼休みにトスバッティングのノルマを与えています。これによって、スイングする力や動きのコツを習得できるだけでなく、自分自身の体を思い通りに動かす練習をしているのです。

また、バットに限らずテニスラケットだったり、アイスホッケーのスティックだったり、ホースやタオルを振るのもいい練習になります。多種多様な道具を振ることが運動の幅を広げ、振る動作の質を高めることに役立ちます。

ゴルフの上達はただボールを打っているだけでは早くうまくなれません。急がば回れです。

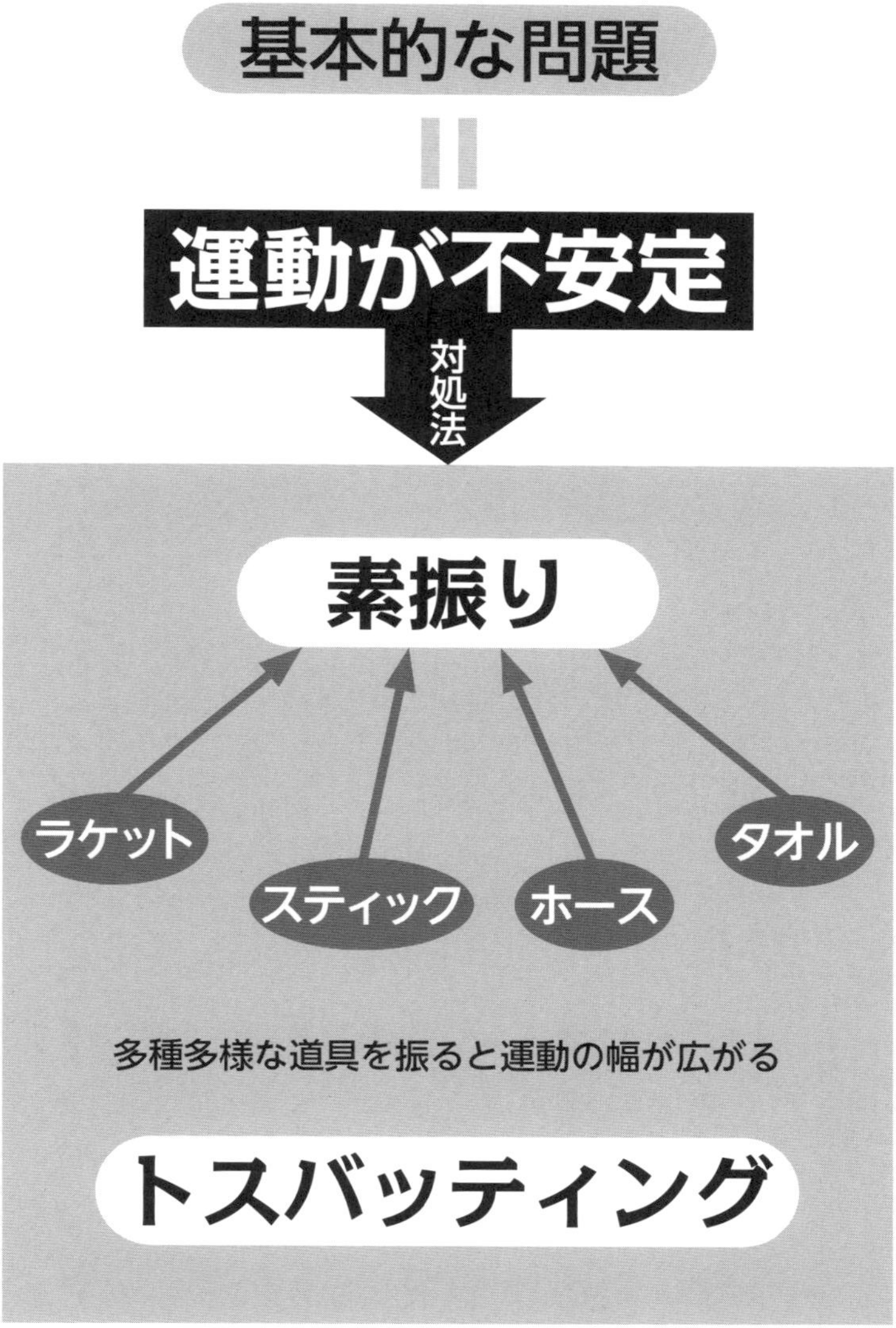
基本的な問題
＝
運動が不安定
対処法
素振り
ラケット
スティック
ホース
タオル
多種多様な道具を振ると運動の幅が広がる
トスバッティング

講義3 プロは100%ハンドファーストインパクト

プロとアマの最も大きな違いは、ハンドファーストインパクトができるかどうかにあります。

しかし、ハンドファーストインパクトといっても、どの番手でも手元がボールの前方に出ているわけではありません。それでは正しいハンドファーストインパクトとはどのような状態を指しているのでしょうか。

それは、スイングのコツとして昔からいわれている「トンカチを叩くような動き」です。この動きがまさにハンドファーストの正体です。

ハンドファーストインパクトを具体的に説明すると、アドレス時の手のポジションAに対して、インパクト時のポジションBで、10センチ程度手元がターゲット方向に先行して当てる動きです。この動きのズレが生じることで、力強くインパクトを迎えることができるのです。

この動きは「トンカチで釘を叩く」「スティックでドラムを叩く」「竹刀で面を打つ」など、道具で何かを叩く動きに共通しています。これらの動きで共通していることは、小さな力で大きなエネルギーを生み出す動きであるということです。

この動きのコツは、動作を始める位置にあります。私はこの位置を「ニュートラルポジション」と呼んでおり、非常にリラックスしていて、自然に動き出せる位置を指しています。

ゴルフスイングにおいて「ニュートラルポジション」は、アドレス時のクラブの位置にあたります。それがクラブを振り上げスイングすることによって、10センチ程度手元が先行した状態で当たるのです。これがプロゴルファーが軽くスイングしているように見えても速くスイングできる秘訣です。

この動きを習得している選手の特徴は、ダウンスイングの切り返しにも現れます。前方からスイングを見た場合のクラブヘッドの軌道が、バックスイングよりもダウンスイングのほうが内側から下りてきます。この切り返しの「タメ」の動きがあることで、10センチ程度前方でインパクトすることが可能になるのです。

ここまでで「ハンドファーストインパクト」とはどのような動きを指しているかは理解していただけたと思います。しかし、最初に「どの番手でも手元がボールの前方に出ているわけではない」と書いた理由は、ドライバーなどアッパーブローで打つクラブは、アドレス時にすでにハンドレートにセットアップしているため、クラブの位置より手元が10センチ程度出る動きを使っても、ボールよりも手元が先行した状態になりません。ここを勘違いしないようにしましょう。

クラブを上げるときのアークよりダウンスイングのアークが小さいのはタメができたあかし。そのままハンドファーストでインパクトするのがプロのスイング

講義4
初心者はハンドファーストで打てない

ハンドファーストでインパクトすることは、プロゴルファーのように力強く打つためには大切な動きであることは前述しました。

しかし、わかっているのになぜできないのでしょうか。その理由は、ゴルフスイングの動きは「トンカチで釘を叩く」動きより複雑になるからです。

その大きな違いとして、ゴルフスイングが回転を伴う点、そしてインパクトでフェース面をある程度スクエアにしなければいけない点が挙げられます。

これはどんなにスポーツ経験があっても簡単には体得できません。実際、プロ野球選手ですら、ゴルフを始めると多くがスライスに悩まされます。これはバットでボールを打つスイングと、ゴルフクラブでボールを打つ動きが異なるからです。

その動きとは違いがあるかもしれませんが、東大ゴルフ部の初心者ゴルファーや一般のアマチュアゴルファーの方でも、軽い棒を振ってもらうと、ハンドファーストインパクトの動きが簡単にできるのに、ゴルフクラブではボールを真っすぐ打つことができません。

その理由は、インパクトで手元が先行すると、クラブフェースがオープンに当たってしまうからです。道具に面のあるスポーツ経験がない場合、ゼロからのスタートなので、ほとんどがスライスになります。

それではハンドファーストインパクトの手元が10センチ程度前に出てフェース面をスクエアにコンタクトするためには、どのような動きが必要なのでしょうか。

それは左手の動きに秘訣があります。専門的な言葉で「ヒンジ（掌屈）」といいますが、左手を手のひらの方向に曲げる動きです。

この動きを使うことで、手元が10センチ程度前に出てもフェース面が開くことなくインパクトを迎えることができるのです。

アドレス時の左手のグリップが、正面から見て2ナックル見えている状態の人であれば、左腕と手の甲側に角度があるはずです。その角度はインパクト時に掌屈すれば左腕と甲側にあった角度がなくなり、ほぼストレートになります。するとハンドファーストでインパクトしても、フェースが開かないことに気がつくでしょう。

誰でもいままで経験したことのない動きは難しいものです。しかし、頭で理解してから行うことで闇雲に練習するよりは確実に早く上達に向かうでしょう。

インパクトへの過程

アマチュア

オープンフェースになりやすいので
スクエアに当たるよう補正。右足体
重とアーリーリリースを組み合わせる

プロ

手首をリリースせずにフェースが
スクエアになるように工夫。ハンド
ファーストがキープされる

講義5

ハンドファーストインパクトを身につける

ハンドファーストインパクトについては、頭ではイメージし理解していただけたと思います。それでは、アドレス時の手元の位置からインパクトで10センチ程度先行させる動きはどのように身につければよいでしょうか。講義4では、手元の先行がフェース向きを開く動きを生じさせるため、「ヒンジ（掌屈）」が必要なことを説明しましたが、頭で理解することと身につけることとは大きく異なります。

そこで、この動きを習得するために有効なドリルを紹介しましょう。

ゴルフボールは非常に小さくクラブフェースも小さいため、力強くスイングすることとフェースをスクエアに当てることを両立するのは難しい作業になります。この2つを同時に行うためには、インパクトバッグ（練習器具）をクラブで叩く練習が有効です。やり方は以下の通りです。

①インパクトバッグ（枕やクッションなど叩いてもいいものでも代用可）を用意する
②7番アイアンを用意する
③軽くインパクトバッグを叩く（慣れてきたら徐々に強くする）
④バッグを叩いた瞬間にフェースが真っすぐに向くように意識する

これ以外にも身近なものを使って有効な練習をすることも可能です。それは干した布団を布団叩きで叩くドリルです。やり方は以下の通りです。

①布団叩きを握る（右手だけ↓左手だけ↓両手の3パターンで行う）
②スナップが使えそうな正しいゴルフグリップで握る
③軽くスナップを使って叩く
④体を大きく使いながらゴルフスイングで叩く

これら2つのドリルのコツは、構えの段階ではリラックスして、インパクトの瞬間に力を集約させることです。軽いもののほうがこの感覚を理解するにはわかりやすいのです。

また、布団叩きの面を意識して布団を叩けば「バン」という音が鳴るはずです。継続することで、力強いインパクトとスクエアなフェース面の両立する感覚を習得できるのです。

講義6 機能的なグリップとは？

正しいグリップの習得は、その後のスイング形成に非常に役立ちます。

それでは「正しいグリップ」とはそもそもどのようなグリップを指しているのでしょうか。

一般的に初心者を指導するときには、以下のように説明します。

①腕をダラッと垂らす
②両方の腕が軽く内側に向く
③親指をシャフトの上に乗せるように置き、左手をそのまま握るとナックル2つ分が見える
④右手も向きはそのままで、左手の親指を右手の手のひらが包み込むように握る

もちろん美しいグリップを学ぶためには、この程度の説明では厳しいでしょう。特に初

心者は、グリップやアライメントも不安定になりがちです。そのため、「正しいグリップ」の習得は、不安定なグリップに変化の制限を加えるために重要なのです。

初心者に指導するような「正しいグリップ」は、型として固めることはできますが、正しい動きができる機能をまだ備えていません。「正しいグリップ」は、フェース向きの管理ができ、クラブを正確に動かすことができる「機能的なグリップ」でなければいけません。この「機能的なグリップ」から逆算した「正しいグリップ」の決め方をご紹介します。

まず、前述の初心者に指導するような「正しいグリップ」を左胸の前で握ります。その状態で、時計回りに手首の動きでクラブを回転させるのです。目の前に時計の文字盤をイメージして12時から3時、6時、9時ときれいな円を空中に描いていきます。この時計回りの動きができる握り方が、最も機能的なグリップなのです。

クルクルと動かしやすいスタイルが見つかったら、そのまま左内太モモの位置にグリップを下ろして完成です。これでただの「正しいグリップ」から「機能的なグリップ」へ進化するのです。プロゴルファーがワッグルするのも、機能的な動きを確認する効果があるからです。

この時計回りの動きには、手首の「撓屈《とうくつ》」「尺屈《しゃっくつ》」「掌屈」「背屈《はいくつ》」の動きと、前腕の「回内《かいない》」「回外《かいがい》」の動きが加わっています。これが複合的に正しく動くことによって、スイング中の「コッキング」や「ヒンジ」「ローテーション」といったナイスショットを打つために必要な動きが可能になるのです。

左胸の前でグリップし
クラブをくるくる回せ
るのがいいグリップ

手首の４つの動き

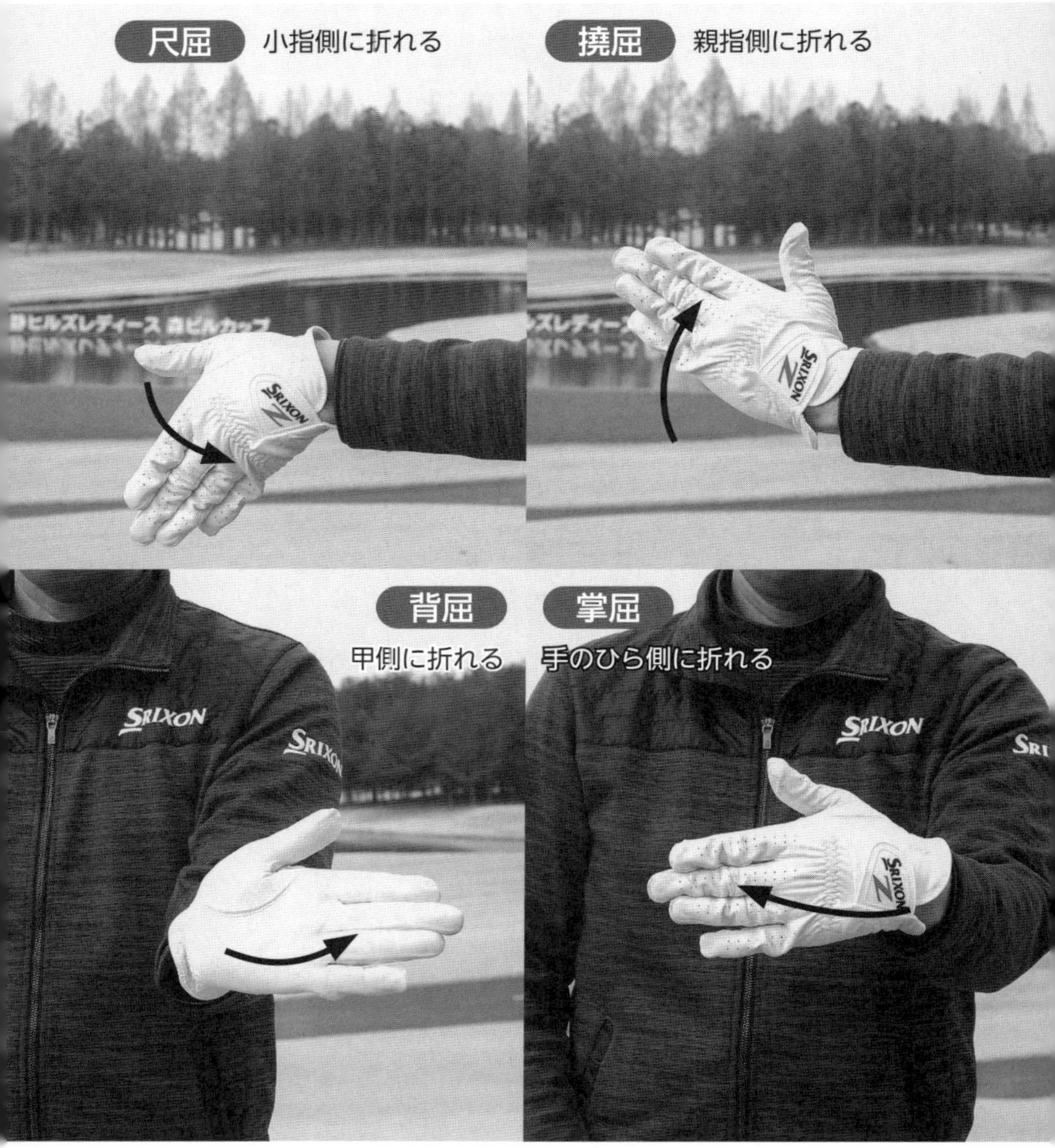

尺屈　小指側に折れる

撓屈　親指側に折れる

背屈　甲側に折れる

掌屈　手のひら側に折れる

スイング中の手首と前腕部の動き

手首（上）と前腕部（下）を写真のように使えると、プロのように軽く振っているように見えて飛ぶようになる

講義7

プロは時計回り、アマチュアは反時計回り

プロゴルファーとアマチュアゴルファーの違いのひとつに、トップからダウンスイングの動きがあります。

簡単にいうと、プロゴルファーには切り返しの動作に「時計回りモーション」が入っていて、アマチュアゴルファーの多くは「反時計回りモーション」になっているということです。

昔からトッププロの切り返しは、「フォールダウン」といわれるトップから腕とクラブが真下に下りるような動作がありました。それは現在のトップ選手の動きにももちろん見ることができます。

しかし、スイング研究を進めるうちに、この動きには別の要素が見えてきたのです。

それがこの「時計回りモーション」です。切り返しの際にクラブヘッドが時計回り方向（背中側）に倒れることで、理想的なスイングプレーンからクラブが下りてくるのです。

このモーションが大きく入る代表選手は、日本では青木功《あおきいさお》プロや池田勇太《いけだゆうた》プロ、外国ではローリー・マキロイやセルヒオ・ガルシアでしょう。

これを習得するための練習方法は、トップの位置で動きを止めたあとにクラブを背中越しに時計回り方向に回して、その勢いを利用して打つといったものです。

よく野球で外国人のバッターが、構えのときにバットをくるくる回しているイメージです。最初は驚くかもしれませんが、慣れてくれれば大きな飛距離アップも期待できます。

プロのスイングは時計回り

トップからヘッドを時計回りに回しながら振り下ろす。結果的にクラブが低く入ってくる

アマチュアのスイングは反時計回り

トップから力んでスイングするために、リリースが切り返しと同時に入り、反時計回りに動いてカット軌道になってしまう

POINT まとめ

1 ハンドファーストが絶対原則

▶構えた位置よりもグリップが 10 センチ程度前でインパクトする

2 スイングを修正する力を身につける

▶トスバッティングをはじめ、多種多様な道具を使ってスイングする

3 ハンドファーストインパクトを身につける

▶インパクトバッグを叩いたり、干した布団を布団叩きで叩くドリルが有効

4 ハンドファーストインパクトのコツ

▶左手首は「掌屈」の動きが必要になる

5 自分にフィットしたグリップ

▶左胸の前でグリップし、時計回りに回転させる

6 切り返しモーションの違い

▶プロは時計回り、アマチュアは反時計回りのスイングモーション

第6章

「スイングは同じ」のウソ

～科学が解き明かすミスとクラブの関係～

講義1

「スイングは同じ」の間違い

ドライバーからショートアイアンまで「スイングは同じ」と考える方がおられると思いますが、これは間違っています。優れたゴルファーは、クラブによってボール位置や構え方を自然に変化させ狙ったボールを打つことができます。

もし初心者の学生にドライバーからショートアイアンまで「スイングは一緒」と指導したら、スタンス幅もボール位置も一緒にしてしまうでしょう。これでは質の高いナイスショットを打つことはできません。

具体的な変化として、短い番手になるに従ってスタンス幅が狭くなり、ボール位置が右になり、体重が左寄りに変化します。またスイングもコンパクトなトップになります。これは「スイング軌道」はインサイド軌道、「入射角（アタックアングル）」を鋭角、「ダイナミックロフト（インパクト時のロフト）」を立ててインパクトするためです。このようなスイングで打ったボールは低めにスピンの効いたボールになることでしょう。

またドライバーになると、スタンス幅が広くなり、ボール位置は左足カカト内側の延長線上付近になり、体重配分が右寄りに変化します。また、トップは地面と平行の位置まで振り上げてスイングします。これは「入射角」をアッパーブローでとらえるためです。

「スタンス幅」「ボール位置」「アライメント」「スイングの振り幅」「グリップ」「体重配分」、これらすべてはクラブや状況によって変化する変動要素です。対して「リズム」「テンポ」「ルーティンワーク」「ハンドファースト」「始動や切り返し」といった基本的な動きは不動要素になります。

すべてのクラブで質の高いナイスショットを打つためには、クラブに応じてどのように変化させればいいかを理解する必要があります。

講義2

6種類のクラブを練習する

一般的には、スイングを覚えるなら7番アイアンで練習するのがいいといわれます。もちろん、スイングの動きを覚えるだけならそれでもいいでしょう。しかし、実際のラウンドでは、ウッド、アイアン、ウエッジなど特性の違うクラブを打つ必要があります。

そこで、ある程度ゴルフスイングの「型」や「動き」を習得したあとは、必ず6種類（ドライバー、フェアウェイウッド、ユーティリティ、ミドルアイアン、ショートアイアン、ウエッジ）のクラブをそれぞれ練習してください。

部員も日々の練習ではすべてのクラブを持って練習に行っているわけではありません。簡易型のクラブ入れにこの6種類のクラブを持って練習場に行っているのです。アマチュアゴルファーのみなさんには、練習がアイアンに偏ってしまうケースがよく見られます。

その理由として、練習をする順番が考えられます。短い番手から練習すると、うまくいかないクラブで多くの時間を費やすため、ウッドやドライバーの練習をする頃には疲れてしまったり、時間がなくなってしまう場合があります。

ですから、ときにはしっかりアップしたあと、ドライバーからクラブを下げていく順番で練習するのもおすすめです。

①	ドライバー	最大飛距離に挑戦
②	フェアウェイウッド	ティアップなしで ナイスショットを目指す
③	ユーティリティ	使用頻度が高いので練習量多め
④	ミドルアイアン (5～7番)	質の高いスイングで ミート率重視
⑤	ショートアイアン (8～9番)	ハーフショットで スイングの精度を上げる
⑥	ウエッジ	30ヤード以内の アプローチ重視

講義3

フェースに丸みがあるクラブ

ドライバー、フェアウェイウッド、ウッド型ユーティリティは、フェースを触るとセンター部分からトゥ、ヒール側に向かって丸みがついています。横方向の丸みを「ロール」、縦方向の丸みを「バルジ」といいますが、なぜクラブにこのような丸みがあるのでしょうか。それはミスヒットした際に起こる「ギア効果」を考慮しているのです。

「ロール」はフェースの中心がスクエアの場合、最もヒール側やトゥ側で5度も丸みがあるのです。そのため、クローズフェースでヒール側に当たったり、オープンフェースでトゥ側に当たった場合は、丸みがないよりも大きなミスになる場合があります。

ですから、このようなフェース向きと打点になってしまうクセのある場合、同じユーティリティでもウッド型が得意な人とアイアン型が得意な人に分かれるので、そこを見極めてクラブを選ぶ必要があります。

ドライバーやフェアウェイウッドなど

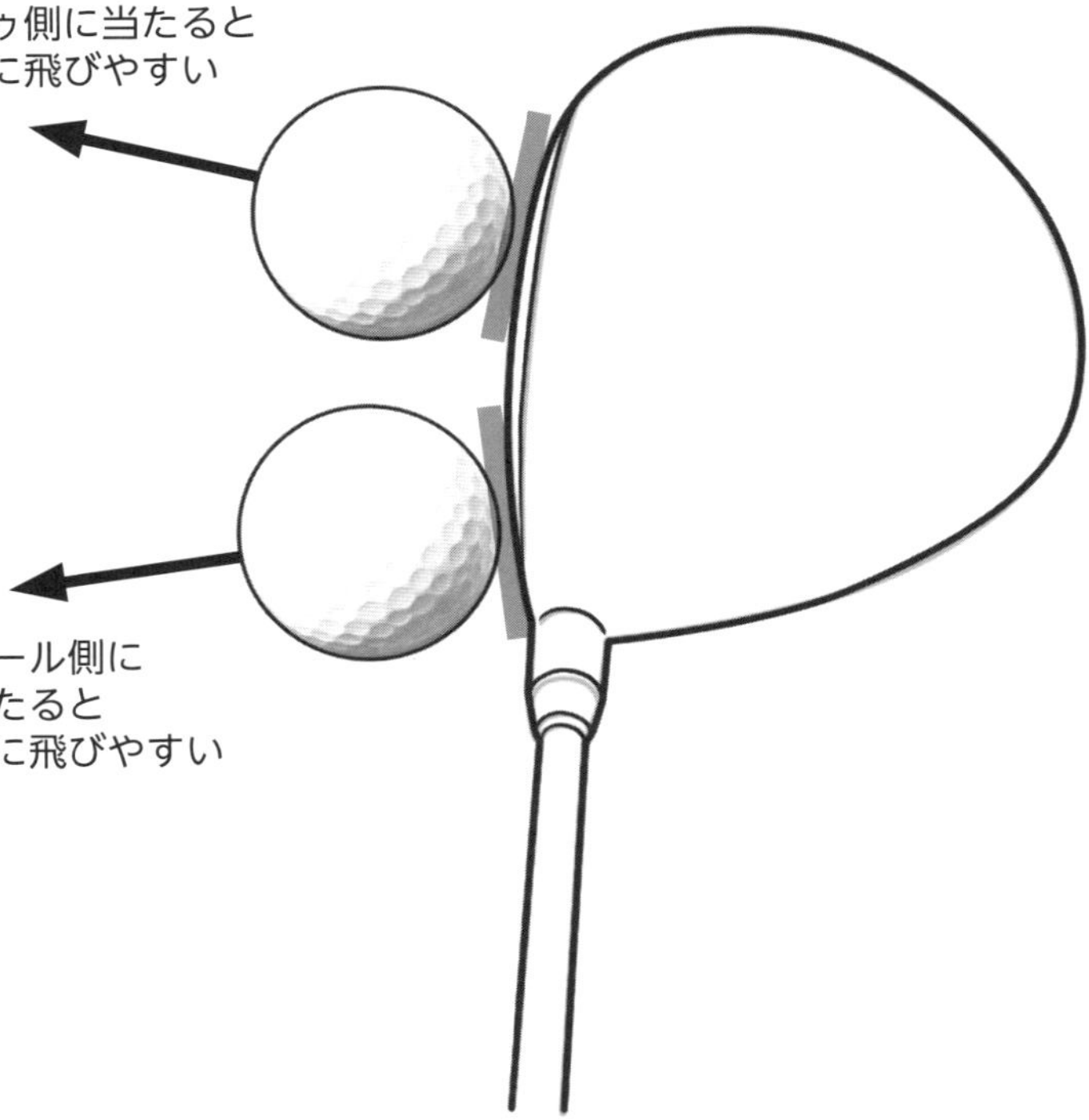

フェースがラウンドしているクラブは、打点によって飛び出し方向が変わる。スクエアに入ってもトゥ側に当たると右、ヒール側に当たると左に飛び出しやすい

講義4

フェースラインが真っすぐなクラブ

アイアン型ユーティリティ、アイアン、ウエッジはフェース面に丸みがなく平らで、フェースラインが真っすぐなクラブです。

この類のクラブは、インパクト時の打点がフェースの向きに影響を及ぼし、飛距離にも関係します。

トゥ側にボールが当たるとヘッドが外旋して1度程度右に、逆にヒール側に当たるとヘッドは内旋し、同じく1度程度左に出ます。

このように、打点によって打ち出しに与える影響は非常に小さいのですが、打点が芯を外れると、ボールにエネルギーを伝えきれないので、飛距離が大きく落ちます。

アイアン型ユーティリティやアイアン、ウエッジ

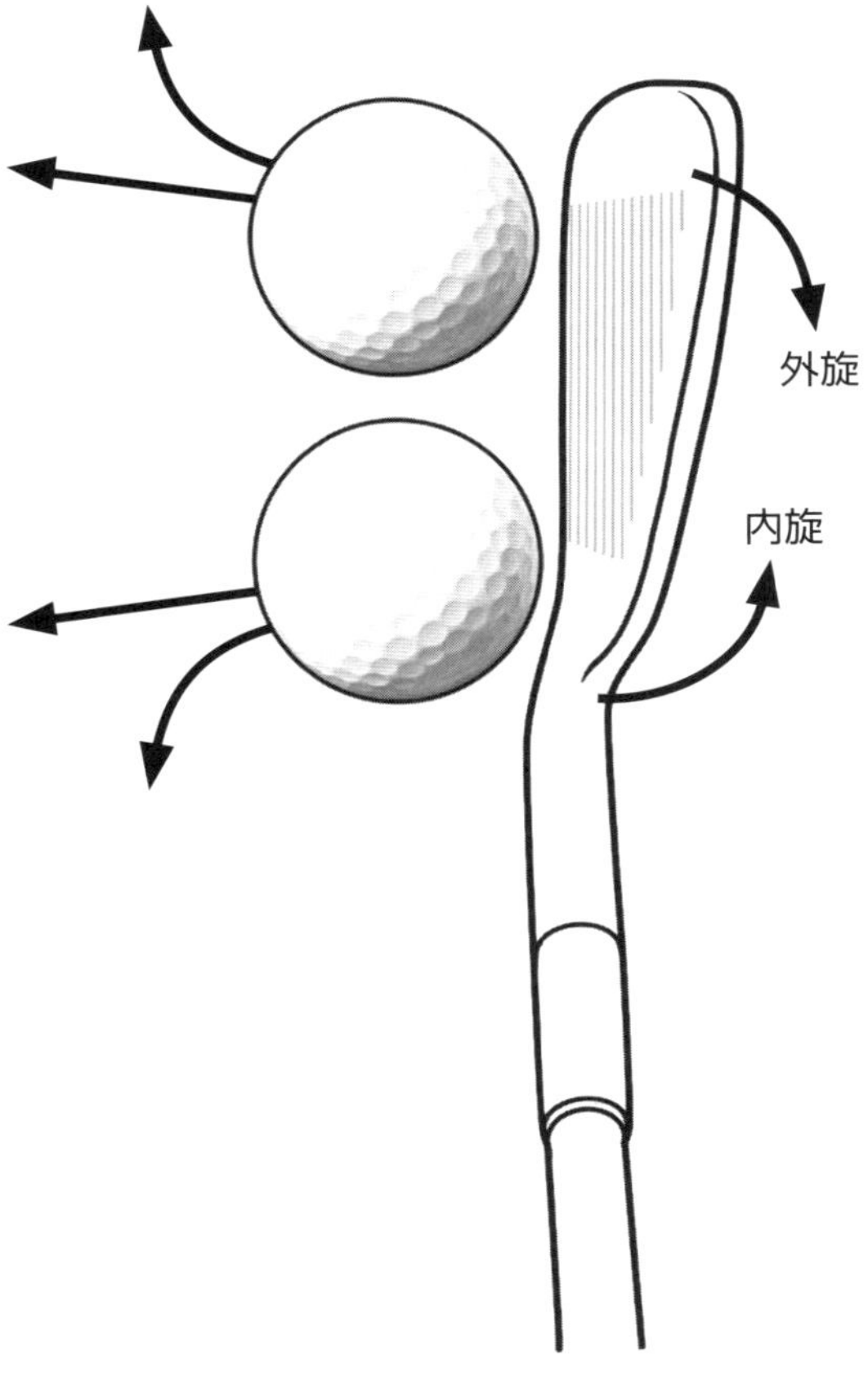

トゥ側にボールが当たるとヘッドが外旋し、１度程度右へ。ヒール側に当たるとヘッドが内旋し、１度程度左へ打ち出る。飛距離はかなり落ちる

POINT まとめ

1 スイングは同じではない

▶「スタンス幅」「ボール位置」「アライメント」「スイングの振り幅」「グリップ」「体重配分」は変動要素

2 得意クラブ、不得意クラブが発生する理由

▶クラブ構造や、練習の偏りによって起こる

3 クラブは６種類に分類

▶練習には最低でも６種類のクラブを持っていく

4 フェースに丸みがあるクラブ

▶打点によってボールの飛び出し方向が変わる

5 フェースが平らなクラブ

▶トゥ側に当たるとヘッドが外旋して右に、ヒール側だと内旋して左に出る

おわりに

私が東京大学運動会ゴルフ部のコーチに就任して最初に行ったのが、ゴルフ上達のための講習会でした。ゴルフは科学であり、物理です。すべてのミスショットにもナイスショットにも理由があります。彼らにゴルフを学問として指導することで、上達のスピードが増すと考えたからです。実際、彼らは私の期待をはるかに上回る上達を遂げ、結果を残してくれました。

もちろんトラックマンやハイスピードカメラによる情報が彼らの上達に役立ったことは間違いありませんが、彼らもほとんどは通常の練習場で普通の練習をしています。

しかし、彼らはみな勉強熱心で真面目な学生たちですから、得た知識を活かしたうえで、上達を目指して日々ゴルフ部の活動に取り組んでいます。彼らには「Dプレーン理論」を学んでもらい、ミスの原因を論理的に思考し、上達のために最も効率的な練習を行ってもらいたいと思っています。そしてそれは、上達を願う多くのゴルファーのみなさまの願いと同様かと思います。この本が、そのようなみなさまの一助になれば幸いです。

井上　透

【著　者】
井上　透（いのうえ　とおる）

1973年生まれ、横浜市出身。アメリカでゴルフ理論を学び、1997年より日本における初のツアープロコーチとして男子ツアーに帯同。佐藤信人プロ、中嶋常幸プロ、加瀬秀樹プロなど多くのプロのコーチを歴任した。現在も成田美寿々プロ、穴井詩プロ、川岸史果プロ、竹内美雪プロなど多くのプロのコーチングを行っている。

2011年には早稲田大学大学院にて「韓国におけるプロゴルファーの強化・育成に関する研究」にて最優秀論文賞を獲得。現在は国際ジュニアゴルフ育成協会理事長として、『世界ジュニアゴルフ選手権』の日本代表監督を努めるほか、2017年より東京大学ゴルフ部の監督に就任。

著書に『弱小集団東大ゴルフ部が優勝しちゃったゴルフ術』（主婦の友社）などがある。

【STAFF】
構成／岸 和也
写真／富士渓和春、菊池 真
イラスト／鈴木真紀夫
デザイン・DTP／石垣和美（菊池企画）
装丁／吉村朋子
編集／菊池企画
協力／東京大学運動会ゴルフ部、静ヒルズカントリークラブ、True Golf academy、横浜本牧インドアゴルフ練習場
企画プロデュース／菊池 真
編集担当／佐々木亮虎（主婦の友社）

東大《とうだい》ゴルフ部《ぶ》が実践《じっせん》！ ゴルフを科学《かがく》する

2018年8月20日　第1刷発行

著　者　井上《いのうえ》　透《とおる》
発行者　矢﨑謙三
発行所　株式会社主婦の友社
〒101-8911　東京都千代田区神田駿河台2-9
電話 03-5280-7537（編集）
03-5280-7551（販売）
印刷所　大日本印刷株式会社

ISBN978-4-07-429660-6